Atividade física e saúde na infância
e na adolescência

SÉRIE CORPO EM MOVIMENTO

Atividade física e saúde na infância e na adolescência

Ana Beatriz Pacífico

Rua Clara Vendramin, 58 • Mossunguê • CEP 81200-170 • Curitiba • PR • Brasil
Fone: (41) 2106-4170 • www.intersaberes.com • editora@intersaberes.com

Conselho editorial
Dr. Alexandre Coutinho Pagliarini
Drª Elena Godoy
Dr. Neri dos Santos
Mª Maria Lúcia Prado Sabatella

Editora-chefe
Lindsay Azambuja

Gerente editorial
Ariadne Nunes Wenger

Assistente editorial
Daniela Viroli Pereira Pinto

Preparação de originais
Arte e Texto Edição e Revisão de Textos

Edição de texto
Monique Francis Fagundes Gonçalves
Palavra do Editor

Capa
Laís Galvão (*design*)
SpeedKingz/Shutterstock (imagem)

Projeto gráfico
Luana Machado Amaro

Diagramação
Bruno Palma e Silva

***Designer* responsável**
Luana Machado Amaro

Iconografia
Regina Claudia Cruz Prestes
Sandra Lopis da Silveira

Dados Internacionais de Catalogação na Publicação (CIP)
(Câmara Brasileira do Livro, SP, Brasil)

Pacífico, Ana Beatriz
 Atividade física e saúde na infância e na adolescência / Ana Beatriz Pacífico. -- Curitiba, PR : InterSaberes, 2023. -- (Série corpo em movimento)

 Bibliografia.
 ISBN 978-85-227-0761-4

 1. Atividade física 2. Capacidade motora 3. Esportes 4. Exercícios físicos para adolescentes 5. Exercícios físicos para crianças 6. Saúde I. Título. II. Série.

23-164100 CDD-613.71

Índices para catálogo sistemático:

 Educação física 613.71

 Cibele Maria Dias – Bibliotecária – CRB-8/9427

1ª edição, 2023.

Foi feito o depósito legal.

Informamos que é de inteira responsabilidade da autora a emissão de conceitos.

Nenhuma parte desta publicação poderá ser reproduzida por qualquer meio ou forma sem a prévia autorização da Editora InterSaberes.

A violação dos direitos autorais é crime estabelecido na Lei n.9.610/1998 e punido pelo art. 184 do Código Penal.

Sumário

Apresentação • 9
Como aproveitar ao máximo este livro • 11

Capítulo 1
Atividade física e saúde: conceito e aplicação • 17
1.1 Atividade física × exercício físico • 20
1.2 Aspectos conceituais de saúde • 23
1.3 Prática de atividade física na infância e na adolescência: aspectos epidemiológicos • 26
1.4 Prática de atividade física na infância e na adolescência: aspectos psicomotores • 31
1.5 Aspectos socioculturais da atividade física na infância e na adolescência: uma questão de gênero • 32

Capítulo 2
Atividade física e espaços escolares • 37
2.1 Estrutura física das escolas infantis e de ensino básico • 40
2.2 Barreiras inibidoras da atividade física na escola • 44
2.3 Características da atividade física na educação infantil • 49
2.4 Características da atividade física no ensino fundamental • 52
2.5 Características da atividade física no ensino médio • 56

Capítulo 3

Atividades desportivas na infância e na adolescência • 61

    3.1 Esportes, atividade física e saúde • 64
    3.2 Atividade física e distúrbios alimentares • 66
    3.3 A influência da atividade física no crescimento e no desenvolvimento motor • 69
    3.4 Especialização precoce e seus efeitos na fase adulta • 71
    3.5 *Overtraining* • 73

Capítulo 4

Atividade física: uma prática regular na infância e na adolescência • 81

    4.1 Influência psicossocial na prática de atividade física • 84
    4.2 A importância do lazer ativo • 86
    4.3 Brincar na rua: como compensar esse déficit? • 89
    4.4 A falta de atividade física e os impactos na fase adulta • 91
    4.5 Bioética, atividade física e saúde • 93

Capítulo 5

Atividade física como agente transformador • 99

    5.1 Benefícios da prática de atividade física como ferramenta educativa e social • 102
    5.2 Atividade física e relações culturais • 104
    5.3 Atividade física e doenças psicológicas • 105
    5.4 Atividade física no processo de reabilitação de dependência • 108
    5.5 Atividade física e perspectivas ecológicas • 110

Capítulo 6
Atividade física, tecnologias e tendências • 117

6.1 Uso de dispositivos eletrônicos e o sedentarismo na infância e na adolescência • 120
6.2 Uso de dispositivos eletrônicos na prática de atividade física na infância e na adolescência • 126
6.3 Centro de atividade física • 133
6.4 Programas de treinamento resistido na infância e na adolescência • 138
6.5 Programas de treinamento de *endurance* na infância e na adolescência • 143

Considerações finais • 151
Referências • 155
Bibliografia comentada • 171
Respostas • 173
Sobre a autora • 177

Apresentação

Este livro tem como objetivo principal apresentar as informações mais relevantes sobre atividade física e saúde na infância e na adolescência, favorecendo a aquisição de conhecimento sobre esse assunto e o que está associado a ele. Com a escrita desta obra, a intenção foi trazer informações que possam guiar a vida profissional tanto de acadêmicos do curso de Educação Física quanto de profissionais que já atuam na área.

No primeiro capítulo, abordaremos alguns aspectos conceituais e a aplicação destes, destacando a importância da prática de atividade física para a saúde. No segundo capítulo, analisaremos a relação entre os espaço escolares e a prática de atividade física de crianças e adolescentes. No terceiro capítulo, mostraremos aspectos das atividades desportivas na infância e na adolescência, que englobam o crescimento e o desenvolvimento motor. No quarto capítulo, trataremos dos impactos da prática de atividade física e dos fatores que a influenciam. Em seguida, no quinto capítulo, enfocaremos a atividade física como agente transformador e como ferramenta educativa e social, relacionando-a com a cultura e os aspectos psicológicos. Por último, no sexto capítulo, apresentaremos discussões sobre atividade física e tecnologias, bem como sobre tendências relacionadas à àrea.

Desejamos que a leitura desta obra seja enriquecedora para a sua vida profissional. Para isso, sugerimos que você faça todas as atividades propostas e busque transpor, de alguma forma, as informações e reflexões apresentadas aqui para a sua realidade. A fim de favorecer ainda mais a ampliação de seus conhecimentos, em cada capítulo há sugestões de leituras complementares, com a indicação de artigos e/ou livros relevantes acerca de cada tema discutido na obra.

Esperamos que você desfrute de toda esta obra! Estude, leia, faça apontamentos, responda às questões, pesquise e recapitule os principais pontos abordados. Deixe que a curiosidade tome conta de você e aproveite todo o aprendizado que virá.

Bons estudos!

Como aproveitar ao máximo este livro

Empregamos nesta obra recursos que visam enriquecer seu aprendizado, facilitar a compreensão dos conteúdos e tornar a leitura mais dinâmica. Conheça a seguir cada uma dessas ferramentas e saiba como estão distribuídas no decorrer deste livro para bem aproveitá-las.

Introdução do capítulo

Logo na abertura do capítulo, informamos os temas de estudo e os objetivos de aprendizagem que serão nele abrangidos, fazendo considerações preliminares sobre as temáticas em foco.

O que é

Nesta seção, destacamos definições e conceitos elementares para a compreensão dos tópicos do capítulo.

Curiosidade

Nestes boxes, apresentamos informações complementares e interessantes relacionadas aos assuntos expostos no capítulo.

Tendo isso em vista, este capítulo tem o objetivo de fazer com que você compreenda a relação dos espaços escolares com a prática de atividade física de crianças e adolescentes. Para isso, apresentaremos as características da atividade física na educação infantil, no ensino fundamental e no ensino médio. Também identificaremos as estruturas físicas das escolas infantis e de ensino básico, bem como as barreiras inibidoras da atividade física no ambiente escolar.

2.1 Estrutura física das escolas infantis e de ensino básico

As escolas de todo o Brasil, públicas e privadas, de educação infantil, ensino fundamental e ensino médio, norteiam-se por documentos nacionais que veiculam propostas pedagógicas, como a Base Nacional Comum Curricular (BNCC), documento fundamental que engloba esse assunto. Mas o que é a BNCC? É definido na Lei de Diretrizes e Bases da Educação Nacional (LDB) – Lei n. 9.394, de 20 de dezembro de 1996 (Brasil, 1996) – que a BNCC deve direcionar as demandas das escolas, indicando os conhecimentos e as competências esperadas dos estudantes ao longo da escolaridade. O documento orienta-se pelas Diretrizes Curriculares da Educação Básica, que guiam as escolas na organização, no desenvolvimento e na avaliação das propostas pedagógicas (Brasil, 2018).

Indicações culturais

BRASIL. Ministério da Educação. **Base Nacional Comum Curricular**: educação é a base. Brasília, 2018. Disponível em: <http://basenacionalcomum.mec.gov.br/images/BNCC_EI_EF_110518_versaofinal_site.pdf>. Acesso em: 7 maio 2023.

Esse documento apresenta propostas pedagógicas que auxiliam as escolas em relação à organização, ao desenvolvimento e à avaliação das práticas escolares.

Indicações culturais

Para ampliar seu repertório, indicamos conteúdos de diferentes naturezas que ensejam a reflexão sobre os assuntos estudados e contribuem para seu processo de aprendizagem.

---

em atividades não ativas, sem participar das aulas de Educação Física.
- **Custo**: atividades físicas que são cobradas ou que exigem materiais com custos mais elevados tendem a ser uma barreira para os escolares com menor condição financeira.
- **Clima**: o clima é uma barreira para o escolar que não se adapta a determinada estação do ano. Também está relacionado à estrutura física da escola, pois uma quadra descoberta, dependendo do clima (chuva ou sol muito forte), torna-se uma barreira pra que seja praticada a atividade física no local.

Para refletir

Identificar as barreiras da atividade física na escola pode ser um fator positivo para que se façam melhorias na escola se ofereçam facilitadores para a promoção de atividade física entre as crianças e os adolescentes.

Pode ser que haja, em determinados lugares, outras barreiras, não listadas aqui, à realização de atividades físicas pelos escolares. Isso vai depender de muitos fatores, como mencionado anteriormente: fatores estruturais, psicológicos, sociais, cognitivos, comportamentais etc. Em todo caso, é importante identificar as barreiras para que seja possível promover melhorias a fim de incentivar a prática da atividade física na infância e na adolescência.

Para refletir

Aqui propomos reflexões dirigidas com base na leitura de excertos de obras dos principais autores comentados neste livro.

Preste atenção!

Apresentamos informações complementares a respeito do assunto que está sendo tratado.

Importante!

Algumas das informações centrais para a compreensão da obra aparecem nesta seção. Aproveite para refletir sobre os conteúdos apresentados.

Síntese

Ao final de cada capítulo, relacionamos as principais informações nele abordadas a fim de que você avalie as conclusões a que chegou, confirmando-as ou redefinindo-as.

Atividades de autoavaliação

Apresentamos estas questões objetivas para que você verifique o grau de assimilação dos conceitos examinados, motivando-se a progredir em seus estudos.

Atividades de aprendizagem

Aqui apresentamos questões que aproximam conhecimentos teóricos e práticos a fim de que você analise criticamente determinado assunto.

Bibliografia comentada

Nesta seção, comentamos algumas obras de referência para o estudo dos temas examinados ao longo do livro.

Capítulo 1

Atividade física e saúde: conceito e aplicação

Quando se fala em *atividade física*, é comum pensarmos em aspectos relacionados à saúde, pois é verdade que existe uma relação entre atividade física e saúde em todas as fases da vida do indivíduo, principalmente na infância e na adolescência, etapas que trarão consequências para o resto da vida. Ou seja, a prática de atividade física pela criança e pelo adolescente é de extrema importância, pois acarretará benefícios à saúde dos indivíduos tanto nesses estágios quanto na fase adulta.

O objetivo deste capítulo é que você, leitor, conheça e compreenda a importância da prática de atividade física para a criança e o adolescente. Para isso, apresentaremos os conceitos de atividade física e de exercício físico, os aspectos conceituais de saúde, bem como conteúdos sobre a prática de atividade física na infância e na adolescência, considerando aspectos epidemiológicos e psicomotores. Por fim, trataremos dos aspectos socioculturais da atividade física na infância e na adolescência, abordando questões de gênero.

1.1 Atividade física × exercício físico

Você saberia definir *atividade física*? Para essa definição, devemos ter em mente tudo o que esse amplo conceito envolve.

O que é

Atividade física: "qualquer movimento voluntário realizado pelos músculos esqueléticos que resulte em um gasto energético maior do que os atingidos em níveis de repouso" (Caspersen; Powell; Christenson, 1985, p. 126, tradução nossa). Ela pode promover interações sociais e com o ambiente, podendo ser realizada "no tempo livre, no deslocamento, no trabalho ou estudo e nas tarefas domésticas" (Brasil, 2021, p. 7).

A atividade física pode ser dividida em domínios, a saber: no tempo livre, no deslocamento, no trabalho e durante as atividades domésticas. Por definição: i) a atividade física no tempo livre é aquela realizada no tempo livre ou nos momentos de lazer; ii) a atividade física realizada durante o deslocamento é a prática como meio de transporte, o deslocamento ativo; iii) a atividade física no trabalho são as práticas que acontecem no momento do trabalho, as atividades laborais, enquanto as realizadas durante o estudo envolvem atividades físicas praticadas no contexto educacional; por fim, iv) as atividades físicas realizadas durante as tarefas domésticas incluem os cuidados com o lar e com a família (WHO, 2020).

Adicionalmente, sabemos que a prática de atividade física é importante em todas as faixas etárias e em diferentes momentos da vida por sua direta relação com aspectos positivos para a saúde (ACSM, 2018; Brasil, 2021; WHO, 2020), a qual vai muito além da ausência de doenças, abrangendo o bem-estar físico, mental e social (International Health Conference, 2002). Considerando-se que nosso foco está na atividade física e na saúde durante a infância e a adolescência, cabe ressaltar que a literatura tem evidenciado que uma prática regular de atividades físicas pode resultar em benefícios também nessas fases da vida (Quadro 1.1).

Quadro 1.1 Principais benefícios da prática regular de atividades físicas para crianças e adolescentes

Crianças até 5 anos	Crianças e adolescentes de 5 a 17 anos
Os benefícios estão relacionados ao crescimento e ao desenvolvimento saudável, auxiliando no controle do peso corporal adequado ao desenvolvimento (incluída a prevenção ao excesso de peso) e melhorando a qualidade do sono, a coordenação motora, as funções cognitivas e a prontidão para o aprendizado nas habilidades psicossociais.	Os benefícios incluem melhoria da aptidão física, da saúde cardiometabólica, óssea, cognitiva e mental, da qualidade de vida e das habilidades motoras; contribuição para um melhor desempenho escolar; promoção da socialização; auxílio no controle do peso corporal; e contribuição para uma alimentação mais saudável e para a redução do tempo em atividades sedentárias

Fonte: Elaborado com base em WHO, 2020; Brasil, 2021.

Tendo em vista os possíveis benefícios relacionados ao engajamento regular na atividade física, pode-se identificar uma infinidade de possibilidades de práticas para essa população, o que será abordado no decorrer dos capítulos desta obra.

Como mencionamos, *atividade física* é todo movimento voluntário que resulte em um gasto energético acima dos em níveis de repouso (Caspersen; Powell; Christenson, 1985). Agora, vamos adicionar à discussão mais um elemento: o exercício físico. Você saberia definir *exercício físico*?

O que é

Exercício físico: é uma atividade física planejada, estruturada e repetida que tenha como objetivo final ou intermediário a melhoria ou a manutenção da aptidão física (Caspersen; Powell; Christenson, 1985).

Anteriormente, comentamos sobre os benefícios à saúde que uma prática regular de atividades físicas pode trazer para crianças e adolescentes, considerando o completo estado de saúde, física, mental e social, desses indivíduos. Nesse sentido, levando-se em conta a relação do exercício físico com a saúde de crianças e adolescentes, quais seriam os resultados observados? A literatura da área nos dá suporte para afirmar que o exercício físico, além de seguro, é vantajoso nesse período da vida.

Mas o exercício físico pode realmente ser seguro para os jovens? Podemos dizer que sim! Um bom exemplo pode ser observado nos estudos de Maron et al. (2009, 2016), que investigaram mortes súbitas em jovens atletas e não atletas e concluíram que doenças preexistentes, acidentes, uso de drogas, entre outras causas, são responsáveis por esses eventos, enquanto a probabilidade de morte praticando-se exercício é quase inexistente (Ghorayeb et al., 2019; Wisten et al., 2019), ainda mais quando não há comorbidades diagnosticadas.

Considerando-se, então, que a prática de exercícios é segura, as evidências têm indicado que o exercício ainda promove adaptações positivas à saúde de crianças e adolescentes, sendo que o engajamento em práticas sistematizadas pode: ter uma maior relação com a qualidade de vida (Pacífico et al., 2018), por meio de melhores hábitos alimentares (Dortch et al., 2014); resultar em adaptações cardiovasculares e neuromusculares (Behringer et al., 2010; Zwolski; Quatman-Yates; Paterno, 2017); possibilitar uma melhor saúde óssea; reduzir quadros de ansiedade e depressão, entre outras patologias ligadas à saúde mental (Appelqvist-Schmidlechner et al., 2018; Bjørnarå et al., 2021); apresentar impacto positivo no desenvolvimento comportamental, social e cognitivo (Zuckerman et al., 2021); além de esse engajamento durante a infância e a adolescência estar associado a maiores níveis de atividade física e uma melhor saúde mental na fase adulta (Appelqvist-Schmidlechner et al., 2018; Batista et al., 2019).

1.2 Aspectos conceituais de saúde

Anteriormente, destacamos os benefícios de uma prática regular de atividades físicas para a saúde de crianças e adolescentes e adicionamos à discussão o fato de que o exercício físico, sendo um tipo de atividade física, também pode resultar em adaptações positivas, tendo em vista tanto os resultados para a saúde quanto o desempenho desportivo, pontos que serão aprofundados nos capítulos seguintes.

Agora, consideremos os aspectos da saúde definidos pela Organização Mundial da Saúde (OMS), que incluem o bem-estar físico, mental e social (International Health Conference, 2002). No caso de crianças e adolescentes, uma discussão muito importante é em relação aos comportamentos de risco à saúde, ou seja, atividades que possam afetar a saúde física, mental e social – por exemplo, o nível insuficiente de atividades físicas, o comportamento sedentário, os hábitos alimentares inadequados, o consumo de bebidas alcoólicas, de tabaco e de outras drogas ilícitas, o comportamento sexual de risco e a exposição a situações de violência (CDC, 2016), problemas que podem, inclusive, ter continuidade na vida adulta (IBGE, 2016).

Quando nos referimos à saúde física, estamos considerando todo o organismo, ou seja, englobando o bom funcionamento do metabolismo em geral. No entanto, para um bom funcionamento do organismo, é essencial a diminuição ou, ainda, a eliminação dos comportamentos de risco à saúde mencionados anteriormente. As questões relativas ao nível insuficiente de atividades físicas e ao comportamento sedentário serão mais bem detalhadas na sequência deste livro, mas podemos adiantar que ambos são problemas de saúde pública global (Guthold et al., 2010, 2020).

Por exemplo, a regularidade em atividades físicas aumenta as chances da ingestão de frutas e vegetais (Tassitano et al., 2016), enquanto o comportamento sedentário poderia reduzir essas chances (Silva; Smith-Menezes; Duarte, 2016). Adolescentes que passam longos períodos diários utilizando celulares e, consequentemente, são insuficientemente ativos apresentam maior risco de consumo de álcool e tabaco (Piola et al., 2021), bem como maior propensão para o uso de drogas ilícitas (Korhonen et al., 2009). Sobre o comportamento sexual de risco, embora a literatura ainda apresente resultados contraditórios (Wetherill; Fromme, 2007), há evidências que apontam para uma possível menor inclinação a esse comportamento em adolescentes que são fisicamente ativos (Kulig; Brener; McManus, 2003).

A saúde mental envolve um estado de bem-estar multidimensional, contemplando indicadores negativos, como a depressão e a ansiedade, e positivos, como a autoestima e o autoconceito (Dale et al., 2019). Nos países desenvolvidos, as desordens mentais já são projetadas como uma das principais causas de incapacidade (US Burden of Disease Collaborators et al., 2018), e sua prevenção não depende unicamente da ausência do mal-estar psicológico, como a depressão e a ansiedade, mas de um bem-estar psicológico (Rodriguez-Ayllon et al., 2019).

As estimativas sugerem que aproximadamente 20% das crianças são acometidas por algum distúrbio ou incapacidade mental e que 50% dos transtornos mentais são diagnosticados na adolescência (Belfer, 2008). No Brasil, por volta de 30% dos adolescentes apresentam algum tipo de transtorno mental (Lopes et al., 2016). Nesse contexto, a prática de atividades físicas e o comportamento sedentário parecem ter relação com a saúde mental, porém os mecanismos responsáveis pelos efeitos ainda não estão claros.

O que já sabemos é que o engajamento em atividades pode colaborar para a melhoria da saúde mental, por exemplo, por meio da liberação de endorfina, podendo, inclusive, levar à redução dos sintomas de depressão. Além disso, existe uma relação entre a atividade física e a redução do tempo em atividades sedentárias, o que está associado à ampliação da conexão social e das habilidades de socialização, a uma maior autoaceitação, ao estado de bem-estar e, consequentemente, à melhoria da saúde mental dos jovens de forma geral (Rodriguez-Ayllon et al., 2019; Brasil, 2021). Adicionalmente, evidências apontam que uma atividade física praticada por mais de 60 minutos diários na adolescência resultaria em menores escores de depressão aos 18 anos de idade (Kandola et al., 2020).

Agora, para levarmos a discussão para o nível da saúde social, podemos lembrar que os benefícios da atividade física vão muito além da gestão de doenças, uma vez que essa prática também tem relação com as necessidades de interação humana, dando ênfase às amizades. Sabemos que, na fase da adolescência, o indivíduo apresenta alterações nos padrões de comportamento e relacionamento, pois nesse estágio há a expansão de suas redes sociais combinada com uma maior independência da família. Outra característica observada é a exposição a diferentes influências que podem condicionar o comportamento, as quais, na maioria das vezes, podem vir dos amigos, que tendem a partilhar ideias, atitudes, convicções e valores entre si, o que pode direcionar para bons ou maus hábitos (Seabra et al., 2008; Schoen-Ferreira et al., 2010).

Fato é que, ao longo da vida, múltiplos fatores podem influenciar a prática de atividades físicas, como o apoio social, compreendido como qualquer comportamento de outra pessoa que possa estimular um indivíduo a praticar atividades físicas – por exemplo, a influência de amigos ou pais/responsáveis. Esse apoio ainda pode advir de diferentes fontes dentro da rede social na qual a criança ou o adolescente está inserido, mas as principais fontes são pais, irmãos ou outros familiares, amigos e professores, podendo ser um apoio emocional, instrumental (logístico), informativo, coparticipativo ou por modelagem (padrão a ser imitado).

Em suma, a atividade física está relacionada com aspectos da saúde física, mental e social, ou seja, ao falarmos de saúde, não podemos tomá-la como sinônimo de "ausência de doença", pois se trata de muito mais que isso. Além da ausência e do controle de doenças, é preciso contemplar a parte social e mental do indivíduo para que este seja considerado saudável.

1.3 Prática de atividade física na infância e na adolescência: aspectos epidemiológicos

Quando falamos em *epidemiologia* como disciplina, devemos observar que ela é relativamente nova no campo da investigação científica e que se utiliza de métodos quantitativos para estudar a ocorrência de doenças na população humana, a frequência com que estas ocorrem e as estratégias de intervenção e controle (Bonita; Beaglehole; Kjellström, 2008).

No que se refere à epidemiologia da atividade física, esta abrange o estudo da frequência da atividade, da distribuição do tempo da atividade ao longo do dia, de correlatos (aquilo a que a atividade física está relacionada) e determinantes (o que pode desencadear a prática de atividade física), bem como sua influência em outros aspectos da saúde, além do estudo das ações que visam a um estilo de vida mais ativo.

Para discutir a epidemiologia da atividade física, é preciso conhecer alguns conceitos que frequentemente são utilizados por publicações da área, a saber:

- **Correlatos da atividade física**: contemplam os estudos que indicam associações entre variáveis, ou seja, os fatores que estão relacionados à prática de atividade física. Mostram a relação, por exemplo, entre a atividade física e diferentes fatores (Bauman et al., 2012), como qualidade de vida, desempenho escolar, aptidão física, excesso ou não de peso, uso de drogas e de álcool, entre outros. Diferentes correlatos são identificados na literatura, apresentando tanto relações positivas (que tendem a favorecer a atividade física, ou seja, podem aumentar o nível de atividade física de adolescentes) quanto relações negativas (que tendem a diminuir o nível de atividade física). Por exemplo, o consumo de álcool pode estar associado negativamente à atividade física, isto é, quanto maior é o consumo de álcool, menos se pratica atividade física. Por outro lado, há uma relação positiva entre a prática de atividade física e o desempenho escolar, ou seja, quanto mais se pratica atividade física, maior é o desempenho escolar.
- **Determinantes da atividade física**: trata-se de estudos que podem indicar a causalidade entre diferentes fatores e a atividade física (Bauman et al., 2012). Nesses estudos, é possível identificar a atividade física como causa ou efeito em relação às outras variáveis presentes no estudo. Por exemplo, filhos que têm pais que praticam atividade física programada apresentam maior chance de também praticarem esse tipo de atividade. Entre os correlatos e determinantes mais citados pela literatura, podemos

identificar a idade, o sexo, o nível socioeconômico, o índice de massa corporal, o apoio social, a autoeficácia, a percepção de competência, a maturação biológica, entre outros fatores (Bauman et al., 2012; Barbosa Filho et al., 2018; Bacil et al., 2015). Por exemplo, conforme a idade do indivíduo ou dependendo do nível socioeconômico, há uma tendência de praticar mais ou menos atividade física.

- **Doenças crônicas não transmissíveis (DCNTs)**: também chamadas simplesmente de *doenças crônicas*, são o resultado de uma combinação de fatores genéticos, fisiológicos, ambientais e comportamentais e tendem a apresentar uma longa duração. As DCNTs mais comuns são as doenças cardiovasculares, o câncer, as doenças respiratórias e o diabetes (WHO, 2021a). Embora as DCNTs sejam influenciadas por diferentes fatores, cabe enfatizar que o estilo de vida impulsiona esses resultados e que esses comportamentos geralmente são iniciados na infância e na adolescência, permanecendo na fase adulta, o que justifica a necessidade de entender os correlatos e os determinantes da atividade física nessas duas primeiras fases.

Curiosidade

Estima-se que, mundialmente, uma em cada cinco mortes entre adolescentes é causada por DCNTs e que cerca de 70% das mortes prematuras de adultos ocorrem em decorrência de comportamentos iniciados na infância e na adolescência, como o pouco engajamento em atividades físicas e o elevado tempo em atividades sedentárias (WHO, 2021b).

As recomendações sobre atividade física sugerem que crianças e adolescentes deveriam realizar ao menos 60 minutos diários para obterem os benefícios à saúde (ACSM, 2018; Brasil, 2021;

WHO, 2020); entretanto, a grande maioria das crianças e dos adolescentes não atende a essa orientação. Evidências globais indicam que 81% dos jovens entre 11 e 17 anos não atingem as recomendações mínimas diárias para atividade física. No mesmo estudo, a prevalência de jovens brasileiros insuficientemente ativos corresponde ao índice de 83,6% (Guthold et al., 2020).

Curiosidade

Além da prática insuficiente de atividade física, a dieta inadequada e o consumo de álcool, tabaco e drogas ilícitas, quando se iniciam em idades precoces, podem virar um hábito e estender-se por toda a vida do indivíduo. O fato de experimentar essas substâncias é um preditor para o uso em excesso, gerando problemas de saúde, rendimento acadêmico baixo, entre outros problemas. Ou seja, a experimentação do álcool, do tabaco e de drogas ilícitas na adolescência tende a levar o indivíduo a vícios nessa fase e também na fase adulta, sendo considerada a principal causa de mortes evitáveis no mundo (WHO, 2018).

Também no Brasil um estudo de base nacional com jovens de 12 a 17 indicou que 54,3% dos adolescentes brasileiros nessa faixa etária praticam menos de 300 minutos de atividades físicas por semana (60 minutos em ao menos 5 dias da semana) e que 26,5% destes não realizam nenhuma atividade física, ou seja, zero minuto (Cureau et al., 2016).

O fato é que crianças e adolescentes estão pouco engajados em práticas regulares de atividade física, e diferentes fatores são identificados como correlatos e determinantes nessa relação, o que indica a necessidade tanto de estudos epidemiológicos sobre a atividade física nessas fases quanto de programas de intervenção para a melhoria desse quadro.

Indicações culturais

BRASIL. Ministério da Saúde. Secretaria de Atenção Primária à Saúde. Departamento de Promoção da Saúde. **Guia de atividade física para a população brasileira**. Brasília, 2021. Disponível em: <https://bvsms.saude.gov.br/bvs/publicacoes/guia_atividade_fisica_populacao_brasileira.pdf>. Acesso em: 5 jun. 2023.

Para um maior aprofundamento no assunto, indicamos a leitura completa do *Guia de atividade física para a população brasileira*, texto disponibilizado pelo Ministério da Saúde que traz recomendações e informações sobre atividade física para promover saúde e melhoria da qualidade de vida.

Curiosidade

A psicomotricidade é uma ciência e um tipo de técnica que une o "ser" corpo, o "ser" mente, o "ser" espírito, o "ser" natureza e o "ser" sociedade, associando-se à afetividade e à personalidade do indivíduo (Molinari; Sens, 2002-2003), ou seja, envolve aspectos essenciais para a criança e o adolescente como um todo. A prática de atividade física está diretamente ligada à psicomotricidade na infância e na adolescência, pois é por meio de atividades motoras organizadas, realizadas individualmente ou em grupo, que acontece simultaneamente o desenvolvimento dos aspectos motor, social, emocional e lúdico da personalidade e a destreza de movimentos (Molinari; Sens, 2002-2003).

1.4 Prática de atividade física na infância e na adolescência: aspectos psicomotores

Crianças e adolescentes que praticam regularmente atividade física têm benefícios nos aspectos psicomotores e tendem a ter maior domínio do corpo, o qual interage com os aspectos cognitivo, social e mental. Os aspectos psicomotores envolvem fatores físicos e fisiológicos ocorridos ao longo da vida, incluindo processos de mudança, estabilização e alteração na estrutura física e neuromuscular (Gallahue; Ozmun; Goodway, 2013).

O comportamento humano, de modo geral, pode ser classificado em três domínios: o psicomotor, o cognitivo e o afetivo. Esses domínios foram definidos por alguns autores de forma separada, ou são tratados assim por conveniência, porém o mais adequado é que sejam sempre trabalhados de forma inter-relacionada (Gallahue; Ozmun; Goodway, 2013).

No domínio psicomotor, o termo *motor* está vinculado ao movimento (Gallahue; Ozmun; Goodway, 2013), ou seja, a atividade física está totalmente associada a esse aspecto. É necessário aqui destacar a influência da atividade física no desenvolvimento psicomotor da criança, pois a prática contribui para o desenvolvimento dos aspectos psicomotores nessa fase, que trará consequências positivas para a fase da adolescência e até para a fase adulta. Na primeira fase da vida, é importante que seja propiciada a oportunidade de desenvolver da melhor maneira as potencialidades motoras e intelectuais, promovendo-se um trabalho fundamental por meio dos movimentos humanos, que agregará aspectos positivos à saúde e proporcionará vivências e experiências que possibilitarão o trabalho do corpo e da mente, bem como a socialização, entre outros benefícios.

O lúdico propiciado pelas brincadeiras é uma forma de trabalho psicomotor, pois pode desenvolver habilidades cognitivas, sensoriais, motoras e psicossociais, podendo ser trabalhado individualmente ou em grupo, favorecendo a interação. Desse modo, é possível estimular tanto a parte intelectual da criança como aspectos de seu crescimento e desenvolvimento (Silva; Menezes; Menezes, 2020).

É claro que a atividade física também influencia substantivamente os aspectos psicomotores na adolescência e até na fase adulta. A execução da atividade física é uma das formas de se passar por processos e obter progressos nos aspectos psicomotores. Na adolescência, ainda está sendo desenvolvida progressivamente a estrutura física e neurológica do indivíduo, o que se estenderá até a fase adulta, na qual esses fatores neurológicos começam a regredir. Nesse sentido, há a necessidade de a pessoa se manter fisicamente ativa, a fim de que essas regressões sejam "adiadas".

1.5 Aspectos socioculturais da atividade física na infância e na adolescência: uma questão de gênero

A prática de atividade física é menos frequente e menos intensa no caso das meninas do que no dos meninos, especialmente a partir da adolescência (Sallis et al., 2016). No Brasil, aproximadamente 78% dos meninos e 89,4% das meninas são considerados insuficientemente ativos (Guthold et al., 2020), ou seja, não cumprem a recomendação de praticar pelo menos 60 minutos por dia de atividade física com intensidade moderada a vigorosa (Brasil, 2021).

Os aspectos socioculturais são determinantes para a prática de atividade física em meninos e meninas, da infância até a adolescência. Entre esses aspectos estão os sociais, os econômicos e os culturais, além dos biológicos, que serão mais detalhados em outro ponto deste livro.

Considerando-se os fatos históricos de forma geral, as meninas recebem uma educação mais conservadora do que a dos meninos, tanto por parte da família quanto da própria sociedade (Bacil et al., 2015), e isso parece ser uma das causas de as meninas serem, em sua maioria, menos ativas do que os meninos. Essa realidade parece estar mudando aos poucos, porém ainda a passos lentos. Os garotos ainda são mais encorajados a realizar atividades mais ativas, como jogar bola, enquanto as meninas são incentivadas a ficar dentro de casa brincando de boneca ou algo relacionado a cuidar da casa.

Ainda com relação aos aspectos socioculturais que estão associados ao nível de atividade física do menino e da menina, podemos citar também o ambiente em que o indivíduo vive, já que a vizinhança e o local de moradia influenciam a prática, pois esta depende da segurança do local (devendo-se lembrar que a percepção de segurança pode ser diferente para meninos e meninas) ou da existência de estruturas que estimulem a prática de atividade física, como parques, praças e parquinhos.

Fica evidente que, além de ser preciso encontrar soluções para que crianças e adolescentes sejam mais fisicamente ativos, há uma necessidade maior e urgente de que soluções amplas e modificações multifacetadas sejam implementadas quando se trata das meninas, por meio de intervenções realizadas nas aulas de Educação Física e em momentos dentro e fora de escola. Assim, cabe uma reflexão sobre o tema que leve à ação de gestores governamentais, gestores das escolas, professores de Educação Física, pais e da sociedade em geral.

||| *Síntese*

Neste primeiro capítulo, vimos as diferenças entre as definições de *atividade física* e *exercício físico*. Como mencionamos, a atividade física pode ser definida como movimentos voluntários realizados pelos músculos esqueléticos que tenham como resultado um maior gasto energético do que aquele que se atinge quando em repouso. Já o exercício físico é definido como uma atividade física que é planejada, estruturada e repetida com vistas à melhoria ou à manutenção da aptidão física. Nesse sentido, ambos estão associados a benefícios positivos para a saúde física, mental e social da criança e do adolescente.

Apesar de serem evidentes os benefícios da prática de atividade física, a maioria das crianças e dos adolescentes não pratica a quantidade mínima recomendada de atividade física. No Brasil, aproximadamente 83,6% da população adolescente é insuficientemente ativa, não cumprindo a recomendação de praticar pelo menos 60 minutos por dia de atividade física com intensidade moderada a vigorosa, sendo essa situação ainda mais grave no caso das meninas.

■ *Atividades de autoavaliação*

1. A atividade física é um elemento essencial na vida do ser humano. De que forma ela pode ser definida segundo nosso estudo?

2. Qual é a definição de exercício físico apresentada neste capítulo?

3. Sobre os aspectos da saúde segundo a Organização Mundial da Saúde (OMS), analise as afirmativas a seguir e marque V para as verdadeiras e F para as falsas:
   ( ) Realizar exercício físico e ter uma alimentação regrada já são requisitos que definem um indivíduo como saudável.

( ) Para definir *saúde*, a OMS destaca os seguintes fatores a serem considerados: bem-estar físico, mental e social.

( ) Entre os comportamentos de risco à saúde que são preocupantes principalmente na adolescência estão: comportamento sedentário, hábitos alimentares inadequados, consumo de bebidas alcoólicas, de tabaco e de outras drogas ilícitas, comportamento sexual de risco e exposição a situações de violência.

4. Assinale a alternativa em que constem correlatos da atividade física na infância e na adolescência:

   a) Idade.
   b) Sexo.
   c) Nível socioeconômico.
   d) IMC.
   e) Todas as alternativas anteriores.

5. Analise as afirmativas a seguir.

   I. Os aspectos psicomotores englobam as transformações físicas e fisiológicas que ocorrem ao longo da vida.
   II. Praticar atividade física regularmente é indiferente para a aptidão física do indivíduo e, consequentemente, não interfere em aspectos psicomotores.
   III. Fatores genéticos e de nutrição podem interferir na aptidão física.

   Está correto o que se afirma em:

   a) I, apenas.
   b) II, apenas.
   c) III, apenas.
   d) I e III.
   e) I e II.

■ Atividades de aprendizagem

Questões para reflexão

1. O que é necessário, na sua opinião, para um indivíduo ser considerado saudável?

2. O que poderia ser melhorado na cidade em que você mora para que as pessoas tenham mais possibilidades de fazer exercício físico?

Atividade aplicada: prática

1. Faça uma entrevista com alguns adolescentes para questioná-los sobre a quantidade de tempo por semana que eles dedicam à atividade física com intensidade moderada a vigorosa, considerando-se dias úteis e finais de semana, de modo que você possa ter uma ideia de como está a prática de atividade física da população a sua volta.

Capítulo 2

Atividade física e espaços escolares

A atividade física nos espaços escolares deve ser discutida principalmente pelo fato de que a escola é o local onde as crianças e os adolescentes passam grande parte de seus dias ao longo de muitos anos, o que exerce influência relevante nessas fases do indivíduo e tem consequências para a vida adulta, as quais podem ser positivas ou negativas.

Tendo isso em vista, este capítulo tem o objetivo de fazer com que você compreenda a relação dos espaços escolares com a prática de atividade física de crianças e adolescentes. Para isso, apresentaremos as características da atividade física na educação infantil, no ensino fundamental e no ensino médio. Também identificaremos as estruturas físicas das escolas infantis e de ensino básico, bem como as barreiras inibidoras da atividade física no ambiente escolar.

2.1 Estrutura física das escolas infantis e de ensino básico

As escolas de todo o Brasil, públicas e privadas, de educação infantil, ensino fundamental e ensino médio, norteiam-se por documentos nacionais que veiculam propostas pedagógicas, como a Base Nacional Comum Curricular (BNCC), documento fundamental que engloba esse assunto. Mas o que é a BNCC?

É definido na Lei de Diretrizes e Bases da Educação Nacional (LDB) – Lei n. 9.394, de 20 de dezembro de 1996 (Brasil, 1996) – que a BNCC deve direcionar as demandas das escolas, indicando os conhecimentos e as competências esperadas dos estudantes ao longo da escolaridade. O documento orienta-se pelas Diretrizes Curriculares da Educação Básica, que guiam as escolas na organização, no desenvolvimento e na avaliação das propostas pedagógicas (Brasil, 2018).

Indicações culturais

BRASIL. Ministério da Educação. **Base Nacional Comum Curricular**: educação é a base. Brasília, 2018. Disponível em: <http://basenacionalcomum.mec.gov.br/images/BNCC_EI_EF_110518_versaofinal_site.pdf>. Acesso em: 2 maio 2023.

Esse documento apresenta propostas pedagógicas que auxiliam as escolas em relação à organização, ao desenvolvimento e à avaliação das práticas escolares.

O objetivo aqui não é apresentar ou discutir o conteúdo e as diretrizes que constam nesse documento, mas alertar você, leitor, de que as estruturas (físicas e do ambiente em geral) das escolas devem ser organizadas conforme as orientações que lhes são apresentadas e também segundo aquilo que é viável para cada uma delas, podendo haver mudanças conforme os documentos que norteiam a educação do país são atualizados.

Você pode estar se perguntando: O que isso tem a ver com a proposta deste capítulo? A resposta está no fato de que as estruturas das escolas estão intrinsecamente relacionadas com a prática de atividade física de crianças e adolescentes. O ambiente escolar, quando se fala em *estrutura física*, está associado à prática adequada ou à atividade física insuficiente dos escolares, de forma a evitar ou não longos períodos de comportamento sedentário.

Então, quais espaços da estrutura física escolar podem oferecer mais oportunidades para que crianças e adolescentes estejam mais tempo fisicamente ativos e menos tempo em comportamento sedentário? Alguns exemplos são: campos, quadras e instalações esportivas, pátios, *playground*, sala de jogos, sala de lutas, bem como espaços com oferta de materiais variados.

As crianças e os adolescentes passam grandes períodos na escola, o que faz com que esse ambiente se torne um local crucial e favorável para que conheçam e pratiquem atividades físicas. A escola é considerada um local que, além de propício à aprendizagem e ao conhecimento, é seguro e com possibilidade de prática em grupo ou individual. É importante ressaltar que a prática de atividade física pode ser promovida principalmente na aula de Educação Física estruturada, mas também de outros modos, como em programas no contraturno e durante o lazer, que pode ser um tempo estruturado ou não estruturado (por exemplo, o recreio).

Ou seja, quanto mais estrutura física adequada é oferecida e mais tempo, estruturado ou não, é dedicado à prática, maior é a tendência de aumentar a quantidade de atividade física que os indivíduos praticam. Também são necessários bons gestores, políticas públicas voltadas à área e e a oferta pelos professores de Educação Física de aulas de boa qualidade, conforme o que está disponível nas escolas. Nesse sentido, o aumento da prática de atividade física depende das características de cada escola, como ensino integral ou regular, quantidade de aulas de Educação Física, qualidade das estruturas físicas, que envolvem espaços e materiais disponíveis, programações no contraturno etc. (Ribeiro et al., 2020).

Alguns aspectos que também exercem influência na prática, mas muitas vezes não recebem a devida atenção são: marcação de qualidade nas linhas das quadras; materiais de proteção, como grades ou redes, em torno do ambiente, principalmente daqueles em que se utiliza bola; limpeza dos locais; equipamentos adequados, como tabela de basquete, mastro de vôlei, trave de futebol e handebol, bolas, cordas, arcos, coletes, entre outros.

Essa relação da estrutura física das escolas com a prática de atividade física deve ser levada em consideração em todas as idades, ou seja, em todos os anos escolares, uma vez que realizar quantidades adequadas de atividade física é recomendado para todas as faixas etárias.

Mesmo que tenhamos mencionado o quão importante é a promoção dessas atividades em momentos de lazer na escola, destacaremos agora, especificamente, o papel fundamental das aulas de Educação Física escolar. Estas, quando integradas a uma boa estrutura física, garantem qualidade em seu desenvolvimento.

De acordo com o *Guia de atividade física para a população brasileira* (Brasil, 2021), as aulas de Educação Física podem colaborar na melhoria da saúde física, motora, mental e social dos escolares, apresentando como principais benefícios:

- *Aumento da prática de atividade física durante as aulas e ao longo do dia;*
- *Melhora do funcionamento do coração e da respiração;*
- *Melhora da flexibilidade e das habilidades para se movimentar ao correr, andar ou saltar;*
- *Auxilia no controle do peso;*
- *Melhora da motivação e bem-estar mental, com redução da ansiedade e da depressão;*
- *Aumento da cooperação entre os colegas durante as atividades nas aulas;*
- *Aumento da atitude e da satisfação para fazer a aula de educação física;*
- *Melhora das habilidades de socialização e das relações de amizade;*
- *Melhora do desempenho escolar;*
- *Melhora do foco e da ação do estudante na realização de uma tarefa;*
- *Melhora da forma como o estudante se organiza para fazer tarefas diversas e aprender novas habilidades.* (Brasil, 2021, p. 34)

Indicações culturais

BRASIL. Ministério da Saúde. Secretaria de Atenção Primária à Saúde. Departamento de Promoção da Saúde. **Guia de atividade física para a população brasileira.** Brasília, 2021. Disponível em: <https://bvsms.saude.gov.br/bvs/publicacoes/guia_atividade_fisica_populacao_brasileira.pdf>. Acesso em: 2 maio 2023.

Esse guia traz recomendações de atividade física e também informações relevantes sobre as aulas de Educação Física nas escolas, destacando que a maiorias das crianças e adolescentes brasileiros tem suas maiores experiências com atividades físicas nessas aulas.

Conforme consta no *Guia*, para que esses benefícios sejam devidamente alcançados, as aulas de Educação Física devem ser obrigatórias e de qualidade ao longo de todos os anos da educação básica, inclusive na educação infantil. É recomendado que haja pelo menos três aulas de 50 minutos cada por semana, incluindo conteúdos com boas experiências e abordagens inovadoras, além de uma estrutura física que possibilite tudo isso. Para tanto, é essencial que existam recursos voltados para as escolas, além de qualificação e valorização dos profissionais de educação física (Brasil, 2021).

Além da estrutura, são necessários materiais específicos, quantidade adequada de espaços e materiais, qualificação e reconhecimento de profissionais, como gestores, professores de Educação Física, professores da iniciação esportiva e recreadores.

Por fim, podemos considerar a estrutura escolar como importante meio para oportunizar a prática de atividade física, envolvendo, além das aulas de Educação Física, atividades mais ativas do dia a dia, práticas esportivas extracurriculares e de lazer. Compreender essa relação é fundamental para que todo o ambiente e os materiais oferecidos na escola sejam explorados da melhor forma por professores e gestores, intervenções assertivas sejam realizadas, investimentos em materiais e espaços adequados sejam feitos, além de serem incentivadas a organização e as ações governamentais de promoção à atividade física e diminuição do sedentarismo entre crianças e adolescentes.

2.2 Barreiras inibidoras da atividade física na escola

A prática de atividade física pode ser inibida por diversos motivos, que partem de fatores negativos – ambientais, sociais e biológicos – denominados *barreiras* (Sallis; Prochaska; Taylor, 2000), ou seja, razões percebidas que influenciam de forma negativa o indivíduo, de modo que ele decida não praticar atividade física ou praticá-la por um tempo insuficiente em relação ao recomendado para a manutenção da saúde. Segundo Sallis e Owen (1999), é possível classificar as barreiras em seis dimensões: i) demográficas e biológicas; ii) culturais e ambientais; iii) psicológicas, cognitivas e emocionais; iv) ambientais; v) pelas características da atividade física; e vi) pelos atributos comportamentais.

O que é

Barreiras da atividade física: razões percebidas que influenciam de forma negativa o indivíduo no sentido de tomar a decisão de não praticar atividade física ou praticá-la por um tempo insuficiente em relação ao recomendado para a saúde.

Essas barreiras à prática de atividade física e suas dimensões abrangem todos os contextos e toda a população. No espaço escolar, a percepção dessas barreiras à atividade física refere-se à participação nas aulas de Educação Física, ao brincar ou a alguma forma de se movimentar no recreio e nos intervalos entre as aulas e mesmo depois delas. Nesse sentido, pode ser que nem todas as dimensões se encaixem nesse contexto. Ainda, as barreiras podem variar de acordo com a idade, o sexo, a condição financeira e o ambiente em que vive o escolar, entre outros. Ademais, como se trata de percepção, pode ser que o que é considerado uma barreira para um indivíduo não o seja para outro.

Durante o período escolar, há uma tendência de que, quanto mais velho for o indivíduo, mais barreiras serão percebidas para um engajamento na prática de atividade física. Entre os sexos também há diferenças, por diversas de razões, no que tange à percepção de barreiras que inibem a atividade física, principalmente após a puberdade, em que muitas mudanças acontecem física e biologicamente em cada indivíduo. No entanto, isso não é regra, uma vez que em cada caso, cada escola, cada região pode haver barreiras diferentes, motivo pelo qual sempre devem ser analisadas as especificidades de cada contexto.

Nas fases da infância e da adolescência, podemos identificar algumas barreiras à atividade física na escola, quais sejam: dificuldades organizacionais, estrutura do ambiente, falta de materiais disponíveis, falta de apoio social, falta de tempo, falta de interesse, falta de conhecimento, baixa autoeficácia, *bullying*, custo e clima (Santos et al., 2009).

Na sequência, vamos tratar brevemente de cada uma dessas barreiras, lembrando que, na maioria das vezes, elas estão relacionadas umas às outras e o mesmo indivíduo pode apresentar uma ou mais dessas justificativas para não se engajar na atividade física.

Indicações culturais

SANTOS, M. S. et al. Desenvolvimento de um instrumento para avaliar barreiras para a prática de atividade física em adolescentes. **Revista Brasileira de Atividade Física & Saúde**, v. 4, n. 2, p. 76-85, 2009. Disponível em: <https://rbafs.org.br/RBAFS/article/view/759/768>. Acesso em: 2 maio 2023.

Você sabia que existem instrumentos validados cientificamente para avaliar a percepção de barreiras para a prática de atividade física em toda a população? Esse artigo elaborado por Mariana Silva Santos, Rodrigo Siqueira Reis, Ciro Romélio Rodriguez-Añez e Rogério Sérgio Fermino apresenta um exemplo de instrumento válido no Brasil para verificar a percepção de barreiras em adolescentes.

- **Dificuldades organizacionais**: referem-se principalmente ao dia a dia do escolar, em que há a dificuldade em conciliar os estudos e as tarefas, as responsabilidades e a prática de atividade física. No caso, surgem mais em contextos nos quais as atividades são oferecidas no contraturno escolar.
- **Estrutura do ambiente e materiais disponíveis**: essa barreira diz respeito exatamente ao que foi relatado no tópico anterior deste livro. A tomada de decisão do escolar

de não realizar atividade física envolve a estrutura da escola, como limitações nos espaços, falta ou insuficiência de materiais, segurança, entre outros. Pode ocorrer em contextos de participação na aula de Educação Física, recreio ativo e atividade/esporte no contraturno.

- **Apoio social**: a falta de apoio social é uma barreira à atividade física recorrente nas fases da infância e da adolescência. O apoio social é definido como o auxílio ou recurso oferecido por amigos, pais, parentes e irmãos, em forma de suporte para a prática, que pode ser desde falar sobre a atividade física, participar junto, assistir enquanto o filho/parente/amigo pratica ou contribuir com o meio de locomoção até o local da prática.
- **Falta de tempo e de interesse**: trata-se de justificativas apresentadas para não se praticar atividade física. Crianças e adolescentes, principalmente estes últimos, apontam o excesso de tarefas que já têm no dia a dia; outros relatam preguiça, falta de motivação ou preferência por outras atividades, como uso de computadores, celulares, *videogame*, entre outras justificativas.
- **Falta de conhecimento**: pode se referir ao não conhecimento de locais que ofereçam ou proporcionem a prática, nesse caso, as atividades fora da escola; também pode haver falta de conhecimento sobre os benefícios da atividade física ou os malefícios que o sedentarismo pode causar.
- **Autoeficácia**: é observada quando o indivíduo se sente capaz e confiante de realizar determinada tarefa, ou seja, percebe que tem habilidade para realizar a atividade física. Quando o escolar não se sente confiante ou hábil em determinada atividade, isso se torna uma barreira.
- **Bullying**: o indivíduo que sofre essas provocações tende a não praticar atividade física suficiente, pois prefere não se expor, optando por ficar recluso, normalmente

em atividades não ativas, sem participar das aulas de Educação Física.

- **Custo**: atividades físicas que são cobradas ou que exigem materiais com custos mais elevados tendem a ser uma barreira para os escolares com menor condição financeira.
- **Clima**: o clima é uma barreira para o escolar que não se adapta a determinada estação do ano. Também está relacionado à estrutura física da escola, pois uma quadra descoberta, dependendo do clima (chuva ou sol muito forte), torna-se uma barreira pra que seja praticada a atividade física no local.

Para refletir

Identificar as barreiras da atividade física na escola pode ser um fator positivo para que se façam melhorias na escola se ofereçam facilitadores para a promoção de atividade física entre as crianças e os adolescentes.

Pode ser que haja, em determinados lugares, outras barreiras, não listadas aqui, à realização de atividades físicas pelos escolares. Isso vai depender de muitos fatores, como mencionado anteriormente: fatores estruturais, psicológicos, sociais, cognitivos, comportamentais etc. Em todo caso, é importante identificar as barreiras para que seja possível promover melhorias a fim de incentivar a prática da atividade física na infância e na adolescência.

2.3 Características da atividade física na educação infantil

A educação infantil faz parte da educação básica do indivíduo, juntamente com o ensino fundamental e o ensino médio. Como você já sabe, essas etapas acontecem nessa ordem, conforme a progressão do escolar e o avançar dos anos. Nesta seção, trataremos especificamente da educação infantil e das características da atividade física nessa fase.

Conforme a BNCC, a educação infantil é organizada em três grupos, por faixa etária, abrangendo crianças de 0 a 5 anos. Os grupos são: bebês (0 a 1 ano e 6 meses); crianças bem pequenas (1 ano e 7 meses a 3 anos e 11 meses); crianças pequenas (4 anos a 5 anos e 11 meses) (Brasil, 2021). Você já tinha parado para pensar que a atividade física é importante em todas essas faixas etárias?

Para refletir

A atividade física é importante em todas as fases da vida do indivíduo, até mesmo para os bebês.

Isso mesmo! A atividade física é importante para o indivíduo desde a infância, até mesmo na fase de bebê. Por essa razão, nas escolas, durante o período da educação infantil, é fundamental que haja o estímulo e o incentivo adequados para as crianças, a fim de que estas sejam ativas e possam obter benefícios à saúde, mantendo-se ativas na fase da adolescência e na vida adulta.

Na BNCC são identificados os direitos de aprendizagem e desenvolvimento do indivíduo na educação infantil, que são:

- conviver;
- brincar;
- participar;

- explorar;
- expressar;
- conhecer.

Podemos perceber que a atividade física está presente entre esses direitos, mostrando-se essencial para o desenvolvimento da criança. Entre esses direitos, o brincar é destaque quando falamos em atividade física nessa faixa etária, até mesmo porque, nessa fase, as brincadeiras e os jogos são os principais meios de manter a criança ativa. Por intermédio do brincar, também é possível trabalhar os outros direitos, o que trará benefícios ao desenvolvimento da criança. Porém, também é possível engajar as crianças em atividades físicas por meio de outras atividades mais estruturadas.

Assim como aponta o *Guia de atividade física para a população brasileira* (Brasil, 2021), nessa faixa etária, as atividades físicas precisam ser alegres, supervisionadas, realizadas com segurança e adequadas para a idade da criança que está no ensino infantil.

Importante!

O *Guia de atividade física para a população brasileira* (2021) apresenta recomendações quanto ao tempo de atividade física que as crianças devem realizar conforme a idade (Brasil, 2021):

- **0 a 1 ano**: no mínimo 30 minutos por dia colocar a criança de barriga para baixo, de bruços, podendo-se distribuir esse tempo ao longo do dia.
- **1 a 2 anos**: no mínimo 3 horas de atividades físicas por dia, em qualquer intensidade, podendo-se distribuir esse tempo ao longo do dia.
- **3 a 5 anos**: no mínimo 3 horas de atividades físicas por dia, em qualquer intensidade, sendo que 1 hora pelo menos tem de ser de intensidade moderada a vigorosa, podendo ser distribuída ao longo do dia.

Mesmo havendo a recomendação, é importante destacar que, quanto mais atividade física a criança realizar, melhor será para a saúde dela. Mas quais são os exemplos de atividade física para bebês e crianças?

O quadro a seguir elenca exemplos de atividades físicas a serem realizadas na infância, segundo o *Guia de atividade física para a população brasileira* (Brasil, 2021).

Quadro 1.1 Exemplos de atividades físicas para crianças de 0 a 5 anos

Crianças de até 1 ano	Brincadeiras e jogos que envolvam atividades que deixem o bebê de bruços (barriga para baixo) ou sentado, quando já for possível, movimentando os braços e as pernas, estimulando alcançar, segurar, puxar, empurrar, engatinhar, rastejar, rolar, equilibrar, sentar e levantar.
Crianças de 1 a 2 anos	Brincadeiras e jogos que envolvam atividades como equilibrar-se nos dois pés, equilibrar-se num pé só, girar, rastejar, andar, correr, saltitar, escalar, pular, arremessar, lançar, quicar e segurar.
Crianças de 3 a 5 anos	Brincadeiras e jogos que envolvam atividades como caminhar, correr, girar, chutar, arremessar, saltar, atravessar ou escalar objetos. Nesta faixa etária, a atividade física também pode ser realizada nas aulas de Educação Física escolar, abrangendo atividades mais específicas de ginástica, lutas, danças, esportes, entre outras.

Fonte: Elaborado com base em Brasil, 2021.

Na fase da educação infantil, tudo o que a criança vivencia e experiencia é muito importante para as fases seguintes, pois tudo está relacionado com o crescimento e o desenvolvimento motor da criança, envolvendo habilidades motoras que são necessárias em todas as etapas da vida, seja para praticar uma atividade física programada com intensidade alta, seja para realizar atividades do dia a dia. Nesse sentido, tudo o que é experienciado quando se é criança vai sendo amadurecido e desenvolvido melhor nas próximas etapas da vida.

Indicações culturais

BACIL, E. D. A.; MAZZARDO, O.; SILVA, M. P. **Crescimento e desenvolvimento motor**. 2. ed. Curitiba: InterSaberes, 2020.

Nessa obra, os autores apresentam informações sobre o crescimento e o desenvolvimento motor dos indivíduos, incluindo conhecimentos relevantes sobre as habilidades motoras em cada etapa da vida.

Esse processo de desenvolvimento motor acontece desde o nascimento até o final da vida, ou seja, está presente desde a infância até a fase adulta e na velhice, envolvendo fatores não só hereditários, mas também ambientais, como oportunidades de práticas, encorajamento e instrução, exigências mecânicas e físicas (Bacil; Mazzardo; Silva, 2020). Por essa razão, é muito importante proporcionar a atividade física da maneira mais adequada possível na escola no período da educação infantil, além, é claro, das vivências fora da escola propiciadas pelos pais e/ou responsáveis.

2.4 Características da atividade física no ensino fundamental

O ensino fundamental também é uma etapa da educação básica do indivíduo, estabelecendo-se entre a educação infantil e o ensino médio. Ela atende estudantes entre 6 e 14 anos e é dividida em duas fases: anos iniciais (1º ao 5º ano) e anos finais (6º ao 9º ano). Conforme as faixas etárias compreendidas no ensino fundamental, podemos verificar que há tanto crianças quanto adolescentes nessa etapa do ensino, os quais, consequentemente, vão passar por muitas mudanças relacionadas aos aspectos físicos, cognitivos, afetivos, sociais, emocionais, entre outros (Brasil, 2018). Assim, quando pensamos na atividade física durante esse período, temos de levar em consideração todas essas informações para caracterizar a prática para esses escolares.

É importante destacar que, para entender o conteúdo desta seção, você deve ler antes a Seção 2.2, "Barreiras inibidoras da atividade física na escola", pois lá apresentamos informações relevantes sobre o que pode inibir a atividade física, que agora será caracterizada para o ensino fundamental.

Nesse período, a prática da atividade física pode acontecer tanto durante o tempo regular da escola (aula de Educação Física, recreio, intervalos livres) quanto durante o contraturno escolar (dentro ou fora da escola). O ideal é somar o tempo e a quantidade recomendada da prática para trazer benefícios à saúde do escolar, o que levará a consequências positivas para a fase adulta. Quando a criança e o adolescente praticam quantidades suficientes de atividade física, eles tendem a se manter suficientemente ativos também na fase adulta, ou seja, quanto mais atividade física se pratica, melhor é para a saúde.

Para refletir

Quanto mais atividade física se pratica, melhor é para a saúde.

Diante disso, surge a seguinte questão: Quando falamos de atividade física na escola durante o ensino fundamental, qual é a principal maneira de proporcionar a prática?

Provavelmente, a primeira coisa em que a maioria das pessoas pensa é na aula de Educação Física, o que está correto. A educação física na BNCC é um dos componentes das áreas de conhecimento disponíveis para essa fase. Ela está na área de linguagem e é um meio essencial para proporcionar a prática de atividade física no momento da aula, possibilitando o despertar do interesse para o engajamento da prática em outros momentos e horários da vida do escolar. Segundo a BNCC,

> A Educação Física é o componente curricular que tematiza as práticas corporais em suas diversas formas de codificação e significação social, entendidas como manifestações das possibilidades expressivas dos sujeitos, produzidas por diversos grupos sociais no decorrer da história. Nessa concepção, o movimento humano está sempre inserido no âmbito da cultura e não se limita a um deslocamento espaço-temporal de um segmento corporal ou de um corpo todo. (Brasil, 2018, p. 213)

No período do ensino fundamental, conforme a BNCC, as práticas corporais, que estão presentes nas aulas de Educação Física, devem se pautar em três elementos: o movimento corporal, que é o elemento essencial; a organização interna; e o produto cultural, que é associado ao lazer, ao entretenimento e/ou ao cuidado com o corpo e a saúde. Tudo isso aplicado, de acordo com o documento, por meio de brincadeiras e jogos, esportes, danças, lutas e atividades de aventura (Brasil, 2018).

Nos anos iniciais do ensino fundamental, a atividade física deve ser promovida em torno da infância, priorizando os jogos e as brincadeiras, dando continuidade às atividades trabalhadas na educação infantil, mas sempre avançando em conteúdos pertinentes de forma a amadurecer as habilidades motoras do escolar. Nessa fase, a atividade física deve ser aplicada com base no pressuposto de que a *performance* da tarefa deve ser mecanicamente eficiente, coordenada e controlada, diferentemente do que ocorre no ensino infantil, em que ainda não há um amadurecimento nesses quesitos. Por meio das instruções e dos estímulos adequados, as habilidades dos escolares melhoram cada dia mais.

Nos anos finais do ensino fundamental, deve haver um aprofundamento maior nas práticas corporais, inserindo-se mais conteúdos relacionados à saúde e às habilidades motoras específicas. Importante lembrar que os movimentos realizados nessa fase são produto de tudo o que foi vivenciado e experienciado nas fases anteriores. Aqui, a atividade física proporcionada pode ser pensada em termos de movimentos que tendem a ser mais refinados, especializados. Por exemplo, se a intenção é a inserção em um esporte específico, a sugestão é iniciar o trabalho e o desenvolvimento de habilidades específicas desse esporte a partir do 6º ano.

Tanto nos anos iniciais quanto nos anos finais do ensino fundamental, a participação nas aulas de Educação Física deve ser incentivada, e é importante que a escola também ofereça atividades físicas extracurriculares, ou seja, práticas antes ou depois das aulas, assim como incentive a adoção de recreio e intervalos que envolvam movimento, para que pelo menos a recomendação do tempo de atividade física seja cumprida. E qual é a recomendação para os escolares do ensino fundamental?

Importante!

A recomendação de tempo de prática de atividade física para escolares do ensino fundamental, segundo o *Guia de atividade física para a população brasileira* (Brasil, 2021), é de 60 minutos ou mais por dia, com intensidade moderada a vigorosa, podendo-se distribuir esse tempo durante o dia.

Ainda é recomendado que, pelo menos 3 dias na semana, as atividades envolvam fortalecimento dos músculos e dos ossos, como saltar, puxar e empurrar. Cabe frisar que cada minuto de atividade física realizada conta; assim, caso a criança ou o adolescente não consiga praticar os 60 minutos/dia, o máximo que for possível já é válido para garantir benefícios à saúde.

Somado ao que é oferecido pela escola para a prática de atividade física, é sugerido também que, se possível, o escolar faça deslocamentos ativos, ou seja, que se desloque de um local para o outro a pé, de bicicleta, de patins, entre outros meios, desde que de forma segura, procurando sempre realizar o deslocamento na companhia dos pais ou de outros adultos. É necessário, ainda, que as variedades de atividade física sejam apresentadas ao escolar, a fim de que ele escolha aquela que mais o atrai e o faz se sentir bem praticando.

2.5 Características da atividade física no ensino médio

O ensino médio é a última fase do ensino básico, atendendo adolescentes a partir dos 14 anos, logo após saírem do 9º ano do ensino fundamental. Essa última fase é composta por três anos no âmbito do ensino regular. Como foi dito anteriormente, as escolas seguem diretrizes de documentos que estabelecem ou não a obrigatoriedade de certas disciplinas, e atualmente não aparece na BNCC a obrigatoriedade das aulas de Educação Física nessa etapa, o que difere da recomendação do *Guia de atividade física para a população brasileira* (Brasil, 2021), que indica como ideal a fixação de pelo menos três aulas de Educação Física, de 50 minutos cada, por semana.

> **Importante!**
>
> A recomendação de tempo de prática de atividade física para escolares do ensino médio, segundo o *Guia de atividade física para a população brasileira* (Brasil, 2021), é de 60 minutos ou mais por dia, com intensidade moderada a vigorosa.

As características da atividade física no ensino médio são muito parecidas com as da atividade física no ensino fundamental – anos finais (ver a Seção 2.4). A recomendação do tempo de prática de atividade física, aliás, é a mesma: dos 6 aos 17 anos, praticar pelo menos 60 minutos de atividade física moderada a vigorosa por dia (Brasil, 2021).

Sabendo-se dos benefícios que a atividade física traz para o indivíduo, é necessário incentivar a prática e oferecê-la para os escolares do ensino médio, principalmente pelo fato de que, nessa faixa etária, os jovens tendem a praticar cada vez menos atividades físicas, dado que outros interesses chamam mais a atenção deles, como tecnologias e aparelhos eletrônicos, que tendem a deixar o jovem mais tempo parado, recaindo no sedentarismo. Além disso, muitas tarefas e preocupações com o estudo e o futuro profissional tornam-se um agravante da situação. É claro que esses interesses são importantes, porém, para que haja benefícios à saúde, é fundamental que o jovem pratique alguma atividade física, devendo-se observar que isso pode até ajudá-lo nas demais questões. Considerando-se essas informações, a aula de Educação Física é uma forma de incentivo da prática.

De acordo com o *Guia de atividade física para a população brasileira*, alguns pontos positivos da atividade física são:

- *Promove o desenvolvimento humano e bem-estar, ajudando a desfrutar de uma vida plena com melhor qualidade;*
- *Melhora as [...] habilidades de socialização;*
- *Melhora a saúde do [...] coração e a [...] condição física;*
- *Desenvolve [...] habilidades motoras, como correr, saltar e arremessar;*
- *Melhora o humor e reduz a sensação de estresse e os sintomas de ansiedade e de depressão;*
- *Ajuda no [...] melhor desempenho escolar;*
- *Auxilia no controle do peso adequado e na diminuição do risco de obesidade;*
- *Ajuda na adoção de uma vida saudável, como melhora da [...] alimentação e diminuição do [...] tempo em comportamento sedentário (como tempo em frente ao celular, computador, tablet, videogame e televisão).* (Brasil, 2021, p. 16)

Assim, é possível perceber que motivar a prática de atividade física é essencial em todas as idades, inclusive no ensino médio, fase em que essa prática é importante pelo fato de ela anteceder a vida adulta do indivíduo. Um jovem que pratica uma quantidade suficiente de atividade física em benefício de sua saúde tende a continuar a praticá-la também quando adulto.

III Síntese

Neste capítulo, vimos que todas as escolas do Brasil se norteiam pela Base Nacional Comum Curricular (BNCC) para as propostas pedagógicas, desde a educação infantil até o ensino médio. Esse documento orienta-se pelas Diretrizes Curriculares da Educação Básica, as quais guiam as escolas em relação à organização, ao desenvolvimento e à avaliação das propostas pedagógicas. Dessa forma, as estruturas (físicas e do ambiente em geral) das escolas são organizadas com base no que é orientado e viável para cada escola, sendo que pode haver mudanças na organização conforme os documentos que norteiam a educação do país são atualizados. Assim, a estrutura escolar influencia muito a prática de atividade física, de acordo com aquilo que é incentivado e oferecido.

Além da estrutura do ambiente, há outros aspectos que podem inibir a prática de atividade física nas escolas, as chamadas *barreiras*, que são: dificuldades organizacionais, falta de materiais disponíveis, falta de apoio social, falta de tempo, falta de interesse, falta de conhecimento, baixa autoeficácia, *bullying*, custo e clima.

Por fim, tratamos das características da atividade física na educação infantil, no ensino fundamental e no ensino médio, cada qual com suas especificidades, mas também com aspectos em comum. As diferenças observadas para cada fase estão relacionadas a aspectos especiais de cada idade, considerando-se o ambiente, as possibilidades, o incentivo e o desenvolvimento motor do escolar, entre outros.

Atividades de autoavaliação

1. Que documento nacional norteia as propostas pedagógicas das escolas brasileiras?

   a) Base Nacional Comum Curricular (BNCC).
   b) Guia do Conselho Tutelar.
   c) Documento infantojuvenil.
   d) Menor aprendiz.
   e) Não há um documento considerado como base.

2. Quais estruturas físicas das escolas podem influenciar a prática de atividades físicas?

   a) Pátio.
   b) Quadras.
   c) Ginásios.
   d) Jardins.
   e) Todas as alternativas anteriores são verdadeiras.

3. Sobre as características da atividade física na educação infantil, no ensino fundamental e no ensino médio, assinale a afirmativa correta:

   a) A atividade física é importante para o indivíduo desde criança; somente na fase de bebê não é necessário importar-se com isso.
   b) No período da educação infantil, tudo o que a criança vivencia e experiencia não terá consequências ao longo de sua vida.
   c) Nos anos iniciais do ensino fundamental, a atividade física deve ser promovida em torno da infância, priorizando os jogos e as brincadeiras, dando continuidade às atividades trabalhadas na educação infantil.

d) Tanto nos anos iniciais quanto nos anos finais do ensino fundamental, a participação nas aulas de Educação física não traz benefícios relevantes para o escolar.

e) No ensino médio, os adolescentes raramente apresentam pouco tempo de prática de atividade física, o que faz com que não seja necessário discutir o que motiva ou não esses indivíduos a essa prática.

4. Por que é importante identificar as barreiras à atividade física nas escolas?

5. Cite alguns exemplos de atividades físicas para crianças de 0 a 5 anos.

Atividades de aprendizagem

Questões para reflexão

1. De que o professor de Educação Física necessita para promover ainda mais a prática de atividade física entre os estudantes?

2. Na sua opinião, as escolas brasileiras oferecem estrutura para que a prática de atividade física seja incentivada? Se a resposta for não, o que poderia ser melhorado?

Atividade aplicada: prática

1. Considerando o que foi discutido neste capítulo, faça uma lista de tudo o que você considera importante em uma escola para que a atividade física seja promovida tanto para as meninas quanto para os meninos, citando estrutura, espaços, materiais, profissionais envolvidos, entre outros aspectos.

Capítulo 3

Atividades desportivas na infância e na adolescência

A **infância** e a adolescência são fases que, essencialmente, têm alguma relação com atividades desportivas. Na escola e em ambientes familiares, fala-se sobre os desportos e, na maioria dos casos, há, de alguma maneira, a prática de algum deles, nem que sejam apenas alguns dos componentes (correr, arremessar etc.), de modo informal.

O objetivo deste capítulo é que você conheça as atividades desportivas realizadas na infância e na adolescência. Para isso, vamos tratar de esportes, atividade física e saúde, compreendendo o esporte como ferramenta da prática da atividade física e possível agente na promoção da saúde nessa fase. Também enfocaremos a atividade física e sua influência em relação aos distúrbios alimentares, bem como no crescimento e no desenvolvimento motor. Por fim, abordaremos a especialização precoce e seus efeitos na fase adulta e também alguns aspectos do *overtraining*.

3.1 Esportes, atividade física e saúde

Com o início da adolescência, ocorrem intensas mudanças físicas, psicológicas, cognitivas e sociais, além de ser uma fase marcada por novos desafios e pressões que podem afetar as relações sociais, inclusive as familiares (Currie et al., 2012; IBGE, 2016). Também é um período vulnerável a influências da mídia e de amigos, o que pode direcionar escolhas e decisões.

Adicionalmente, percebe-se uma sensação de autonomia e independência nas atitudes por parte dos adolescentes, o que pode resultar na adoção de comportamentos diversos. Por exemplo, "48,1% dos adolescentes brasileiros já experimentaram cigarros, 58,2% já apresentaram algum episódio de embriaguez, 63,3% e 71,5% não consomem vegetais e frutas regularmente e ainda 26,9% consomem refrigerantes quase que diariamente" (Piola, 2019, p. 17).

Se pensarmos nesses comportamentos de risco à saúde e acrescentarmos o baixo nível de atividades físicas e o elevado tempo em atividades sedentárias, veremos que se trata de um grande problema de saúde pública relacionado aos adolescentes, que pode redundar em diversas patologias, como doenças cardiovasculares, câncer (potencializando o risco de mortalidade), doenças cardiometabólicas, problemas fisiológicos, obesidade, hipertensão, aumento do estresse e da depressão, além de interferências no ambiente social e emocional, na cognição e na memória.

Por outro lado, a prática de atividades físicas sistemáticas, quando presente em todas as faixas etárias e se trabalhada de forma adequada, é uma excelente ferramenta para a educação e para a promoção da saúde (Guthold et al., 2010), razão pela qual crianças e adolescentes engajados em programas de exercícios tendem a colher benefícios em comparação com os não engajados.

Consequentemente, programas de treinamento sistematizados costumam gerar adaptações benéficas à saúde de crianças e adolescentes. Por exemplo, crianças envolvidas em programas de treinamento podem apresentar uma série de adaptações fisiológicas benéficas ao desenvolvimento da aptidão aeróbia, dos sistemas cardiovascular e respiratório e de uma maior eficiência mecânica (Larsen et al., 2018).

Mas os benefícios do engajamento de crianças e adolescentes na prática esportiva vão muito além das adaptações fisiológicas. Com relação à qualidade de vida, Pacífico et al. (2018) compararam meninos e meninas praticantes de esporte e observaram que estes apresentavam melhor percepção de qualidade de vida em comparação com meninos e meninas que não praticam esporte. No que se refere aos hábitos alimentares, os adolescentes engajados em atividades esportivas são mais propensos a apresentar bons hábitos alimentares, como o consumo de frutas e vegetais, o não consumo de refrigerantes, entre outros (Dortch et al., 2014).

A literatura apresenta resultados que mostram os benefícios do engajamento em programas desportivos à saúde de crianças e adolescentes, revelando também resultados que indicam uma maior longevidade para indivíduos que escolhem atividades esportivas que demandam maior interação social (Schnohr et al., 2018).

> **Preste atenção!**
>
> Algumas particularidades devem ser consideradas antes de se iniciar determinado programa desportivo e durante sua evolução. A premissa de que crianças e adolescentes diferem de adultos também se aplica ao esporte, podendo-se depreender que o desenvolvimento depende da maturação e da experiência, isto é, está relacionado à faixa etária que se quer preparar fisicamente (Gallahue; Ozmun; Goodway, 2013), ou seja, em cada fase há especificidades que precisam de atenção quanto à prescrição e ao acompanhamento dos indivíduos nos exercícios físicos.

3.2 Atividade física e distúrbios alimentares

Como mencionado anteriormente, a passagem da infância para a adolescência é marcada, entre outros fatores, por uma grande vulnerabilidade e suscetibilidade a influências que podem contribuir para a escolha de comportamentos adequados ou inadequados à saúde, os quais, se realmente incorporados nessa fase, podem influenciar o estado de saúde na vida adulta (Paavola; Vartiainen; Haukkala, 2004).

Essas influências podem afetar diretamente a alimentação de crianças e adolescentes, que estão em uma fase em que os hábitos alimentares saudáveis são fundamentais e existe uma elevada demanda nutricional necessária ao desenvolvimento e à prevenção de doenças e, consequentemente, para uma vida adulta saudável (Albano; Souza, 2001; Barufaldi et al., 2016). Adicionalmente, uma adequada ingestão de nutrientes é de essencial para uma melhoria das capacidades físicas, evitando o declínio das habilidades motoras, melhorando a predisposição a fadigas e reduzindo as chances de lesões.

Os hábitos alimentares são influenciados por diferentes aspectos, desde o momento da compra dos alimentos até o seu consumo. Nesse período, diversos fatores podem interferir nas escolhas e nos hábitos alimentares, como valores dos produtos, imagem corporal, convívio social, classe econômica, disponibilidade de alimentos e influência da mídia. Seguindo essa perspectiva, a literatura tem evidenciado que a adoção de hábitos alimentares inadequados durante a adolescência pode ser um fator determinante do estado nutricional (Silva et al., 2010) e está entre os fatores de risco que abrangem as taxas de mortalidade e morbidade mundialmente.

Condições plenas de saúde passam pela ingestão de nutrientes baseada em uma alimentação de qualidade, com alimentos obtidos diretamente de plantas ou de animais (*in natura*) ou minimante processados, com pequenas quantidades de óleos, gorduras, sal e açúcar, como recomendado pelo *Guia alimentar para a população brasileira* (Brasil, 2014). Porém, os padrões de alimentação de crianças e adolescentes brasileiros tendem a ir na "contramão" dessas recomendações, com problemas que independem de classe econômica ou região do Brasil.

O padrão observado é baseado no consumo de alimentos ultraprocessados e com baixa qualidade nutricional, além do baixo consumo de frutas e hortaliças e do consumo de refrigerantes (Azeredo et al., 2015; Darfour-Oduro et al., 2018). Um agravante já elucidado pela literatura diz respeito ao fato de que adolescentes pouco engajados em atividades físicas e com maiores períodos de comportamento sedentário são mais propensos a não apresentar bons hábitos alimentares (Rezende et al., 2014; Silva; Smith-Menezes; Duarte, 2016).

Para refletir

Quanto mais praticam atividade física, mais chances os adolescentes têm de se alimentar melhor.

Adolescentes que cumprem as recomendações de atividade física apresentam maior probabilidade de consumir as quantidades adequadas de frutas (Kelishadi et al., 2007), e a prática de atividades físicas em intensidade moderada a vigorosa está associada a uma maior ingestão de frutas e vegetais (Tassitano et al., 2016).

Existe ainda a premissa de que a participação em atividades esportivas proporciona uma grande demanda energética, exigindo maior consumo de nutrientes para atender às necessidades de crescimento e desenvolvimento e para favorecer o próprio desempenho requerido no dia a dia. Quando se observam crianças e adolescentes que não estão envolvidos nessas práticas, percebe-se que eles exigem maior atenção dos profissionais de saúde aos comportamentos alimentares que possam trazer riscos à saúde, como a desidratação e outros distúrbios alimentares (Juzwiak; Paschoal; Lopez, 2000).

Contudo, é necessário cautela quando o adolescente pratica atividade física apenas pensando em perder peso corporal, pois há estudos que mostram que isso pode ter relação com transtornos alimentares (Quiles-Marcos et al., 2011), o que nessa fase não é difícil de acontecer, uma vez que a aprovação da aparência e o seguimento de "padrões" estéticos é uma preocupação dos adolescentes.

Portanto, a atividade física é considerada fator de risco no desenvolvimento de transtornos alimentares quando ela é realizada de forma excessiva e demasiadamente intensa e, ainda, quando é praticada somente por motivos de melhora da imagem corporal e redução de peso corporal "a qualquer custo" (Quiles-Marcos et al., 2011).

A literatura mostra que as meninas tendem a ter mais esses comportamentos do que os meninos, o que não descarta a chance de estes também apresentarem transtornos (Quiles-Marcos et al., 2011; Walker et al., 2014). Quando se comparam crianças e adolescentes, é possível afirmar que as crianças são menos propensas a apresentar patologias alimentares e sintomas comportamentais no que se refere a transtornos alimentares (Walker et al., 2014).

Os resultados do estudo de Quiles-Marcos et al. (2011) apontam que meninas com alto risco de desenvolver um transtorno alimentar consomem menos refeições, comem menos alimentos não saudáveis, seguem mais dietas e realizam mais exercício físico com a intenção de perder peso, além de fazer mais uso de tabaco, álcool e medicamentos. Já os meninos com alto risco de desenvolver esse tipo de transtorno seguem mais dietas e prestam mais atenção aos componentes nutricionais dos alimentos.

Podemos observar, desse modo, que a prática de atividade física deve, sim, ser promovida e incentivada na adolescência, porém os objetivos não podem ser apenas perda de peso ou queima de calorias; deve-se visar sempre à saúde, considerando aspectos físicos, mentais e sociais.

3.3 A influência da atividade física no crescimento e no desenvolvimento motor

O desenvolvimento motor ao longo da vida pode ser influenciado por transtornos alimentares, níveis de aptidão física, fatores biomecânicos, assim como pelas mudanças fisiológicas que acontecem em decorrência do envelhecimento e da escolha do estilo de vida. Os fatores físicos e mecânicos do indivíduo têm impacto profundo na aquisição, manutenção e redução das habilidades de movimento ao longo da vida (Gallahue; Ozmun; Goodway, 2013).

A combinação do nível de aptidão física com as exigências mecânicas de cada tarefa afeta a desenvoltura de movimentação, como controle, habilidade e segurança ao se movimentar. O nível de aptidão física se dá pela interação entre atividade física, genética e nutrição (Gallahue; Ozmun; Goodway, 2013). Com base nisso, podemos perceber o quão importante é a atividade física para o desenvolvimento do ser humano.

Nesse sentido, já que a aptidão física influencia o desenvolvimento motor do indivíduo e está diretamente relacionada à prática de atividade física, você pode estar se perguntando: O que exatamente é aptidão física?

Segundo Nahas (2017), aptidão física é a capacidade de realizar atividades físicas, podendo ser dividida em aptidão física relacionada à saúde e aptidão física relacionada à *performance* motora. A aptidão relacionada à saúde envolve fatores que conferem mais energia para os afazeres do dia a dia e para o lazer, proporcionando menor risco de o indivíduo desenvolver doenças ou condições crônico-degenerativas, associadas a baixos níveis de atividade física habitual, incluindo os componentes de aptidão cardiorrespiratória, a força/resistência muscular, a flexibilidade e a composição corporal. Já a aptidão relacionada à *performance* diz respeito a movimentos que exigem reações rápidas, velocidade, agilidade, equilíbrio e resistência anaeróbia, elementos que precisam ser mais desenvolvidos em atletas nas fases da infância e da adolescência (Nahas, 2017).

Assim, é possível afirmar que a interação entre a atividade física, a genética e a nutrição proporciona os limites máximos e mínimos da aptidão física que podem ser esperados da criança e do adolescente (Gallahue; Ozmun; Goodway, 2013). Fica claro, então, que a prática de atividade física está diretamente relacionada a melhores resultados de aptidão física, o que é importante para a saúde e o desenvolvimento motor da criança e do adolescente. Um estudo de Pacífico et al. (2018) mostrou que adolescentes praticantes de esporte ou outros exercícios físicos, ou seja, mais fisicamente ativos, apresentaram melhores escores nos componentes da aptidão física quando comparados a quem não praticava nenhum tipo de exercício físico.

3.4 Especialização precoce e seus efeitos na fase adulta

A participação de adolescentes em esportes estruturados e organizados traz benefícios como o desenvolvimento de habilidades físicas e sociais e a adoção de bons comportamentos para a saúde, como cumprir as recomendações do tempo de prática de atividade física, além de promover a saúde cardiometabólica, óssea e psicossocial (Bjørnarå et al., 2021). Entretanto, quando as demandas e expectativas da prática de esportes organizados vão além do amadurecimento e da prontidão do participante, ao invés de benefícios, podem ser gerados prejuízos à saúde (Campos, 2019), principalmente se essa prática é realizada de forma precoce, quando os jovens ainda não têm maturidade física, cognitiva e psicológica para lidar com determinadas situações.

Quando uma criança pratica esporte e as exigências excedem seu desenvolvimento cognitivo e físico, ela pode desenvolver sentimentos de fracasso e frustração.

Preste atenção!

Se a criança não está preparada para as habilidades motoras básicas, como arremessar, chutar, pegar e rebater a bola, não é introduzindo a prática esportiva que ela vai se sobressair quando comparada a outras crianças que não praticam, somente pelo fato de o esporte exigir a prática dessas habilidades.

Nessa situação, é mais fácil a criança se frustrar do que obter sucesso (Washington et al., 2001), o que pode fazer com que ela não queira mais praticar naquele momento nem nas outras fases da vida, prejudicando, assim, tanto o momento em que ela está quanto seu futuro, quando for adulta.

Por isso, é necessário que haja conhecimento por parte tanto dos pais quanto dos treinadores para que saibam o momento certo de introduzir e apresentar o esporte e determinados movimentos e habilidades para a criança e o adolescente. Conhecer as fases do desenvolvimento motor e os fatores biológicos e fisiológicos é de extrema importância para estar ciente do momento certo.

A prática de esporte estruturado também pode ter efeitos negativos, que vão além de fatores como a frustração e podem ser acentuados com a especialização precoce, acarretando consequências para a fase adulta. Os efeitos negativos podem ser a tendência ao aumento do consumo de álcool e tabaco, níveis mais altos de estresse, esgotamento, transtorno alimentar e lesões por repetições excessivas. É claro que tudo isso também sofre influência de contextos culturais, tipos de esporte, idade e sexo (Bjørnarå et al., 2021). Vale salientar que todos os comportamentos, quando realizados na infância e na adolescência, têm a tendência de serem continuados na fase adulta.

A criança ou o adolescente, ao praticar um treinamento cuja carga não suporta, ou seja, que sobrecarrega o indivíduo de forma precoce (trataremos disso em mais detalhes na próxima seção), terá seu desempenho prejudicado, e há grandes riscos de lesões físicas e mentais. Quanto a essas lesões, uma das maiores preocupações com esse tipo de treinamento imaturo é que danifique a cartilagem de crescimento – lesões articulares, apofisárias e fisárias, o que pode comprometer o crescimento do indivíduo (Carter; Micheli, 2011).

Há evidências que mostram que o planejamento de carreira com menos treinamento em idades precoces e especialização um pouco mais tarde tende a trazer mais benefícios para jovens atletas, uma vez que atletas de elite não fazem necessariamente mais horas de prática de forma precoce do que atletas que não são profissionais, porém, após a puberdade, eles tendem a aumentar as horas de treinamento. Isso pode ocorrer pelo fato de que, quando mais velhos, os adolescentes desenvolvem habilidades físicas, cognitivas, sociais, emocionais e motoras necessárias para investir seu esforço em treinamento altamente especializado em um esporte (Moesch et al., 2011).

Assim, é possível afirmar que, quando praticado conforme as recomendações por idade, com bons profissionais e pais ou responsáveis cientes, o esporte organizado tende a trazer muitos benefícios à saúde física, mental e social do adolescente, mas é preciso conhecer os riscos, como a tendência a hábitos alimentares inadequados, o consumo de álcool e situações de violência (Campos et al., 2020).

3.5 *Overtraining*

Como vimos anteriormente, existe a recomendação tanto da Organização Mundial da Saúde (OMS) quanto do *Guia de atividade física para a população brasileira* (WHO, 2020; Brasil, 2021) no que tange à quantidade de tempo diária de atividade física para crianças e adolescentes, que é de 60 minutos de atividade de intensidade pelo menos moderada. Contudo, também existe o treinamento excessivo ou potencialmente prejudicial para a criança e o adolescente.

Sobre a prática excessiva de atividade física, ou *overtraining*, nesta seção vamos destacar algumas informações relevantes e tendências.

O que é

Overtraining: alterações psicológicas, fisiológicas e hormonais que resultam na diminuição do desempenho esportivo (Brenner; American Academy of Pediatrics Council on Sports Medicine and Fitness, 2007), causadas pelo excesso de atividade física.

Então, como já abordado, quando crianças e adolescentes cumprem as recomendações de prática de atividade física, eles têm maiores chances de obter uma série de benefícios para a saúde e o bem-estar. Entretanto, assim como os atletas adultos, crianças e adolescentes também podem sofrer de *overtraining*, esgotamento e lesões por prática demasiada. Os indivíduos nessa faixa etária que realizam quantidades excessivas de atividade física repetitiva e de alta intensidade, sem o adequado descanso, estão suscetíveis aos perigos do *overtraining* (Carter; Micheli, 2011).

O *overtraining* se manifesta por meio de vários sintomas, entre eles fadiga, dores crônicas musculares e/ou articulares, distúrbios de sono, declínio de desempenho, frequência cardíaca em repouso elevada, oscilações anormais de humor, diminuição da atenção e, no caso específico de crianças e adolescentes, prejuízo no desempenho acadêmico, com baixa nas notas das atividades escolares; além disso, o *overtraining* pode ter como sequela a síndrome de *burnout* (Brenner; American Academy of Pediatrics Council on Sports Medicine and Fitness, 2007).

Atletas normalmente estão mais suscetíveis a terem lesões, porém, muitas vezes, estas estão associadas ao *overtraining*. Nesse caso, o músculo, o tendão ou o osso que foi submetido a estresse repetitivo não tem o tempo adequado de recuperação e cura. Essas lesões podem ocorrer em quatro estágios, segundo Carter e Micheli (2011, p. 686, tradução nossa), sendo o quarto estágio o mais grave, razão pela qual deve receber mais atenção:

"1) Dor na área afetada após a atividade física; 2) Dor durante a atividade física sem prejudicar o desempenho do atleta; 3) Dor durante a atividade física que restringe o desempenho; 4) Dor crônica e incessante, mesmo em repouso".

É importante que o profissional que esteja acompanhando os atletas fique muito atento a essas questões e passe esse conhecimento para as próprias crianças e adolescentes, pois, caso aconteça uma lesão e ela ainda esteja no estágio 1, por exemplo, pode-se impedir seu progresso para os outros estágios; caso já esteja em algum estágio mais avançado, é preciso que o atleta seja recuperado e curado da maneira mais adequada possível.

Neste momento, você deve estar se perguntando: Como saber se o treinamento está sendo excessivo ou não? Quais são as recomendações, já que é importante praticar exercícios físicos, mas não demasiadamente?

Indicações culturais

AAP – American Academy of Pediatrics. Council on Sports Medicine and Fitness. Disponível em: <https://www.aap.org/en/community/aap-councils/council-on-sports-medicine-and-fitness/>. Acesso em: 2 maio 2023.

O *site* do Conselho de Medicina Esportiva e Fitness (COSMF) traz orientações e cuidados da medicina esportiva relativos à prática de esportes por parte de provedores pediátricos.

É importante saber que um treinamento sólido é interessante e, mesmo que reconhecidamente repetições sejam importantes, é sabido que podem trazer danos. A American Academy of Pediatrics Council on Sports Medicine and Fitness recomenda limitar uma atividade esportiva a um máximo de 5 dias por semana, com pelo menos um dia de folga de qualquer atividade física organizada. Ademais, os atletas devem ter, pelo menos, de 2 a 3 meses de folga por ano de seu esporte específico, a fim de que possíveis lesões se curem e eles "refresquem" a mente, além de ser necessário trabalhar de forma adequada a força, o condicionamento e a propriocepção na esperança de reduzir os riscos de lesão (Brenner; American Academy of Pediatrics Council on Sports Medicine and Fitness, 2007).

Diretrizes para a prevenção do *overtraining*

A American Academy of Pediatrics Council on Sports Medicine and Fitness também sugere diretrizes para a prevenção do *overtraining*, quais sejam:

- *O profissional tem de manter os treinos interessantes, como jogos e treinos adequados para cada idade, mantendo a prática divertida;*
- *O atleta tem de tirar uma folga da participação em esportes organizados ou estruturados de um a dois dias por semana para que o corpo descanse ou participar de atividades diferentes;*
- *Permitir intervalos mais longos de treinamento e competições a cada 2 a 3 meses pelo menos e, enquanto isso, realizar outras atividades e treinamentos para evitar a perda de habilidade ou nível de condicionamento;*
- *O profissional tem de concentrar a atenção no bem-estar e ensinar os atletas a estar bem com seus corpos, tentando desacelerar ou alterar o método de treinamento caso esteja intenso demais.* (Brenner; American Academy of Pediatrics Council on Sports Medicine and Fitness, 2007, p. 1243, tradução nossa)

É importante destacar o quanto pais ou responsáveis de crianças e adolescentes, assim como treinadores, têm responsabilidade nessa questão da quantidade e da intensidade do treinamento. Os pais devem "dosar" o incentivo da prática, não fazer grandes cobranças, tampouco colocar nos filhos a ideia de que devem se tornar grandes atletas, na intenção de realizar um sonho por meio da filha ou do filho, caso não tenham conseguido isso quando jovens. Por sua vez, profissionais que vão trabalhar com essas faixas etárias precisam ter um grande conhecimento do que é mais adequado para cada idade, incluindo o conhecimento biológico, fisiológico e sobre o amadurecimento psicológico relacionado à prática esportiva e/ou ao esporte em questão.

Síntese

Neste capítulo, apresentamos alguns parâmetros sobre a prática de atividade física e dos esportes na infância e na adolescência, apontando seus diversos benefícios e mesmo seus malefícios quando em excesso.

Apontamos que a atividade física de forma saudável está sendo cada vez menos praticada por essa faixa etária, enquanto, em contrapartida, comportamentos como o alto tempo sedentário vêm aumentando, o que é algo preocupante, pois pode trazer malefícios à saúde.

A importância da cautela ao prescrever exercícios físicos para crianças e adolescentes também foi ressaltada, uma vez que o desenvolvimento depende da maturação e da experiência, isto é, está relacionado à faixa etária que se quer preparar fisicamente, e em cada fase da vida há especificidades que precisam de atenção quando se trata da prescrição de exercícios físicos e do acompanhamento dos indivíduos durante a prática.

Além disso, vimos que é necessário ter atenção quando o adolescente pratica atividade física apenas pensando em perder peso corporal, pois isso pode ter relação com transtornos alimentares. Ainda sobre a questão dos cuidados com o exercício físico na infância e na adolescência, abordamos a especialização precoce e seus efeitos na fase adulta, bem como o *overtraining*, ambos envolvendo fatores alarmantes e deletérios aos indivíduos.

■ **Atividades de autoavaliação**

1. O engajamento de crianças e adolescentes na prática esportiva, quando realizado adequadamente para cada idade, no volume e na intensidade corretos, pode beneficiar os indivíduos em relação à:

   I. aptidão cardiorrespiratória.
   II. eficiência mecânica.
   III. percepção de qualidade de vida.
   IV. socialização.

   Estão corretos os itens:

   a) I e II.
   b) I e III.
   c) II, III e IV.
   d) I, II e IV.
   e) I, II, III e IV.

2. Sobre transtornos alimentares e a atividade física, analise as afirmativas a seguir e marque V para as verdadeiras e F para as falsas.

   ( ) A atividade física pode ser considerada um fator de risco no desenvolvimento de transtornos alimentares quando realizada de forma excessiva e demasiadamente intensa.

   ( ) Os meninos tendem a ter mais transtornos alimentares do que as meninas.

   ( ) A prática adequada e saudável da atividade física e dos esportes pode ser um fator relacionado aos transtornos alimentares na infância e na adolescência.

3. Qual dos fatores a seguir pode influenciar o desenvolvimento motor do indivíduo?

   a) Transtornos alimentares.
   b) Estilo de vida.

c) Mudanças fisiológicas.
d) Níveis de aptidão física.
e) Todas as alternativas anteriores estão corretas.

4. O que é aptidão física?

5. Como pode ser caracterizado o *overtraining*? Quais são seus sintomas?

Atividades de aprendizagem

Questões para reflexão

1. O que você sugeriria, como um bom profissional, aos pais de uma criança que querem a qualquer custo inseri-la em uma modalidade esportiva, mesmo que de forma precoce, pensando que, quanto antes acontecer a especialização, melhor será para seu filho, uma vez que um desses pais não conseguiu se profissionalizar em um esporte que era seu grande sonho?

2. Na sua opinião, por que motivo, quanto mais idade tem o adolescente, menos ele quer praticar atividade física?

Atividade aplicada: prática

1. Faça uma lista, com pelo menos quatro itens, contendo o que pode ser feito para que se evite o *overtraining* na adolescência.

Capítulo 4

Atividade física: uma prática regular na infância e na adolescência

As ações do indivíduo realizadas na infância e na adolescência trarão consequências, positivas ou negativas, para toda a vida, como ressaltamos nos capítulos anteriores. A prática de atividade física é uma dessas ações que influenciam positivamente tanto no momento em que ela é realizada quanto no futuro, uma vez que quem pratica atividades físicas regularmente quando criança ou adolescente tende a ter e a manter hábitos mais saudáveis, incluindo a prática do exercício físico na vida adulta.

Neste capítulo, você vai conhecer e compreender os impactos da prática regular de atividade física na infância e na adolescência, incluindo fatores psicossociais, que são aqueles ligados à interação entre os fatores sociais, o lazer e a saúde mental e física, entre outros. Trataremos da importância do lazer ativo nessas fases e analisaremos como o déficit de não brincar na rua influencia na saúde das crianças e dos adolescentes. Veremos ainda como a falta de atividade física impacta a saúde na fase adulta e, por fim, qual é a relação entre bioética, atividade física e saúde.

4.1 Influência psicossocial na prática de atividade física

A infância e a adolescência são períodos essenciais no desenvolvimento físico, cognitivo e psicossocial do indivíduo. São fases em que emergem diferentes emoções, relações sociais e atos, e esses fatores influenciam a prática ou não da atividade física, visto que nessas fases os indivíduos dependem de outros para realizar algo e tendem a ser influenciados por outras pessoas com mais facilidade.

O que é

Fatores psicossociais: são aqueles que envolvem a parte social da vida com a parte psicológica de cada indivíduo.

O que queremos dizer é que, na infância e na adolescência, os fatores psicossociais influenciam em muitos atos, inclusive na prática de atividade física.

Na infância, por exemplo, as crianças dependem dos pais e/ou cuidadores para praticar alguma atividade física: para levá-las até o local, incentivá-las por meio da disponibilização de materiais, brinquedos e brincadeiras, praticar junto ou assistir às sessões de prática, entre outros fatores, ou seja, dependem do apoio social dos pais. O mesmo ocorre na adolescência, pois, de certa maneira, os adolescentes também dependem dos pais e responsáveis para ajudar no deslocamento, conversar sobre a prática etc. Mais do que isso, na fase da adolescência, depende-se muito do apoio social dos amigos, que podem ou não estar praticando alguma atividade física e conversando entre si sobre ela, o que vai influenciar positiva ou negativamente o adolescente.

Podemos citar como exemplos de fatores psicossociais que se associam à prática de atividade física na infância e na adolescência: o apoio social, a autoeficácia (o quanto o indivíduo se sente capaz de realizar), a percepção da imagem corporal, a autopercepção (quanto à própria saúde e à qualidade de vida) e o *bullying* (Cureau et al., 2016; Bacil, 2017; Ruiz-Trasserra et al., 2017; Jankauskiene et al., 2019; Piola et al., 2019; Chung; Sun; Kim, 2018).

Vamos detalhar um pouco mais esses fatores psicossociais. O apoio social de pais e amigos, a autoeficácia, a percepção de imagem corporal, a saúde e a qualidade de vida estão associados positivamente à prática de atividade física, ou seja, quanto mais intensos são esses fatores psicossociais, maior é a chance de a prática ocorrer. Por exemplo, quanto maior é o apoio social, mais a criança e/ou o adolescente tende a praticar atividade física. Já o *bullying* tem associação negativa: quanto mais ocorre o *bullying*, maior é a tendência de não praticar atividade física, tornando o indivíduo insuficientemente ativo.

É importante enfatizar que na adolescência a prática de atividade física tende a declinar, e isso tem muita relação com esses fatores psicossociais. Fatores como a percepção de imagem corporal, a autoeficácia e a saúde são muito mais fortes na adolescência, uma vez que, nessa fase, o convívio social e a aceitação dos colegas são fatores muito mais presentes e influentes. Cabe observar também que a prática de atividades físicas, quando se refere às meninas, tende a ser em menor quantidade em comparação com a dos meninos, fato que também pode estar relacionado a diferentes percepções dos fatores psicossociais entre os sexos e as permissões distintas, ou seja, aquilo que socialmente é mais permitido para meninos do que para meninas. Nesse sentido, é essencial que medidas sejam tomadas no âmbito da sociedade para que seja equiparada a quantidade da prática de atividade física entre os gêneros.

Sabemos que a falta de atividade física está diretamente associada a doenças cardiovasculares, câncer, obesidade, interferências emocionais, comportamentais e cognitivas (WHO, 2020). A prática insuficiente de atividade física se caracteriza quando o indivíduo não cumpre a recomendação de 60 minutos de prática diária moderada a vigorosa (Brasil, 2021). Por isso é tão importante verificar os fatores que estão relacionados à prática, como os fatores psicossociais, visto que estes tendem a fazer o indivíduo praticar mais ou menos atividade física e, assim, devem ser considerados quando se trata de estimular positivamente e motivar os indivíduos nesse sentido.

Portanto, é preciso haver sempre a preocupação voltada ao propósito de que o indivíduo aumente a percepção de autoeficácia, melhore a percepção da imagem corporal e tenha maior percepção de qualidade de vida; ademais, o *bullying* deve ser impedido o máximo possível. Com essas medidas, aumenta-se a chance de os indivíduos se manterem suficientemente ativos e, consequentemente, se beneficiarem da prática para a saúde.

4.2 A importância do lazer ativo

O lazer ativo é extremamente importante para crianças e adolescentes. Atualmente, essa importância tem se intensificado pelo fato de que os indivíduos dessa faixa etária estão cada vez mais sedentários e praticando cada vez menos atividade física, em virtude das facilidades das tecnologias e das necessidades da sociedade atual. No entanto, não é somente por esse fator que o lazer ativo deve ser estimulado, afinal, pense no seguinte: as crianças e os adolescentes passam grande parte do dia nas salas de aula das escolas, sentados e com pouquíssima movimentação, exceto nas aulas de Educação Física, que não são muitas, e nos intervalos, que não podemos afirmar se são mais ativos ou passivos. Nesse sentido, no tempo de lazer, tem de ser estimulada a prática de atividade física, ou seja, o lazer deve ser ativo.

Cabe destacar que, mesmo no tempo de lazer, esses indivíduos tendem a escolher atividades que envolvam meios eletrônicos, como celulares, *tablets*, computador e televisão. É claro que não podemos "lutar" totalmente contra as tecnologias, mas podemos incentivar que se gaste menos tempo com elas e mais tempo com a prática de atividade física, uma vez que longos períodos em comportamento sedentário podem trazer prejuízos à saúde do indivíduo (como maior chance de doenças cardiovasculares, tendência a excesso de peso, maior risco de ansiedade e depressão) e, ao contrário, a atividade física traz benefícios, podendo até compensar os efeitos da grande quantidade de tempo sentado ou deitado.

Quando há um lazer ativo, há muito mais chances de o indivíduo ser considerado suficientemente ativo, ou seja, de o indivíduo de 6 a 17 anos cumprir a recomendação de 60 minutos ou mais de atividade física por dia, dando preferência às atividades que sejam de intensidade moderada a vigorosa (Brasil, 2021). Consequentemente, promove-se o bem-estar, evitam-se doenças cardiovasculares, estimula-se o desenvolvimento de habilidades motoras, há a melhora na socialização, no desempenho escolar e no controle de peso, entre outros (Brasil, 2021).

Importante!

Apesar de haver uma recomendação quanto ao tempo e à intensidade da prática de atividade física (60 minutos de atividade moderada/vigorosa), se não for possível cumprir exatamente o proposto, praticar a maior quantidade possível já é válido, pois isso já vai garantir benefícios para a saúde. A ideia principal é: tudo o que se puder praticar conta! Pode-se começar aos poucos e ir aumentando a quantidade e a intensidade ao longo do tempo.

O *Guia de atividade física para a população brasileira* (Brasil, 2021) traz sugestões interessantes de atividades físicas no lazer, tanto em companhia de amigos ou familiares quanto sozinho, a saber: caminhar, correr, dançar, nadar, empinar pipa, pedalar, surfar, praticar futebol, vôlei, basquete, tênis de mesa, tênis de quadra, peteca, ginástica, artes marciais, além de brincadeiras como esconde-esconde, pega-pega, pular corda, saltar elástico, entre outras.

Os pais ou responsáveis têm grande responsabilidade quando se trata de lazer ativo na infância e na adolescência, no sentido de mostrar às crianças ou aos adolescentes possibilidades da prática de atividades físicas, para que eles possam escolher aquelas de que mais gostam, além de ser importante apoiar e encorajar a prática, buscando-se informações sobre os locais em que a prática acontece e se é possível inserir a criança ou o adolescente, levando até o local, praticando junto, conversando sobre o assunto, entre outras ações.

As escolas e as prefeituras também têm responsabilidades na promoção de lazer ativo para as crianças e os adolescentes. É necessário ofertar várias alternativas de prática de atividade física fora do horário de aula e alertar os indivíduos da importância da prática para a saúde. Programas de iniciação esportiva, projetos de jogos e brincadeiras, danças, lutas, entre outros, são sugestões relevantes. Importante lembrar que a oferta deve abranger a variedade de idades dos escolares e incluir meninos e meninas.

Além disso, como já comentamos, o lazer ativo nas fases da infância e da adolescência é um pressuposto para que a vida adulta seja mais ativa, com mais saúde e melhor percepção de qualidade de vida. Assim, reforçamos a necessidade de incentivo da prática de atividade física, eliminando-se possíveis barreiras sociais e físicas que fazem alguns indivíduos serem menos ativos que outros.

4.3 Brincar na rua: como compensar esse déficit?

Hoje as crianças raramente saem para brincar na rua, diferentemente do que ocorria algum tempo atrás, em que isso acontecia muito, o que era extremamente favorável ao desenvolvimento motor e à saúde das crianças. Isso era possível pelo fato de que as ruas eram mais tranquilas, tanto com relação ao movimento de veículos quanto no que tange a fatores como violência e insegurança. Atualmente, essa liberdade de fazer brincadeiras nas ruas não é viável, pois se preza pela segurança das crianças.

Sabemos que a maioria das crianças passa quase todo o tempo do dia (se não o dia inteiro) em ambientes fechados, e o déficit relacionado ao fato de não ser possível mais brincar nas ruas na maior parte das cidades tem de ser compensado, pois, quando havia a possibilidade de brincar ao ar livre, as crianças tinham mais chances de serem suficientemente ativas. Nesse sentido, quais seriam as sugestões de estratégias?

Primeiramente, deve haver o incentivo por parte dos pais e responsáveis, que podem estimular as crianças possibilitando a realização de atividades como:

- passeios em parques e áreas verdes da cidade, mesmo que seja somente para caminhar ou brincar no gramado ou em espaços livres;
- brincadeiras dentro de casa;
- brincadeiras no quintal de casa;
- brincadeiras em áreas comuns do prédio;
- contato com a natureza;
- transporte ativo (como ir para a escola caminhando ou pedalando).

Mas atenção: em todas essas atividades, é importante sempre haver a supervisão de um adulto!

As crianças precisam de jogos e brincadeiras que apresentem atividades como caminhar, correr, girar, chutar, arremessar, saltar, dançar, equilibrar-se, além de estímulos que não envolvam o físico, como a responsabilidade, a organização e a autonomia (Brasil, 2021), o que permite e potencializa o desenvolvimento motor, unindo o físico, o intelecto e o emocional.

É essencial também que haja o incentivo à redução do comportamento sedentário, principalmente causado pelo uso de celular, *tablet*, *videogame*, computador e televisão, substituindo-os por atividades que envolvam movimento. É importante haver um equilíbrio entre o tempo de uso dos meios eletrônicos e o tempo gasto em movimento.

Importante!

A ideia é sempre esta: quanto mais atividade física o indivíduo praticar, melhor será para a sua saúde.

4.4 A falta de atividade física e os impactos na fase adulta

A falta de atividade física está acontecendo em grande escala no mundo, até mesmo no Brasil. Essa falta da prática de atividade física em escala global já é considerada um problema de saúde pública. O número de adolescentes que praticam a quantidade recomendada de atividade física – que é de 60 minutos por dia (WHO, 2020) – é mundialmente muito baixo. Segundo Guthold et al. (2020), 81,0% da população mundial de adolescentes é classificada como insuficientemente ativa. No Brasil, aproximadamente 83,6% da população é insuficientemente ativa, 78% meninos e 89,4% meninas, como vimos no Capítulo 1 (Guthold et al., 2020).

Os índices baixos da prática regular de atividade física se estendem entre crianças e adolescentes, o que traz prejuízos à saúde na infância e na adolescência e, consequentemente, na fase adulta. A atividade física insuficiente é responsável por milhões de mortes anuais, pois tem efeito sobre doenças crônicas não transmissíveis, como doenças coronarianas, acidente vascular cerebral (AVC), diabetes tipo 2 e alguns tipos de câncer (estômago, mama e intestino), ou seja, gera gastos imensos relacionados à saúde da população, o que faz com que seja um problema de saúde pública, considerado uma pandemia global (Sallis et al., 2016).

Nesse sentido, os principais impactos que a falta de atividade física causa na fase adulta são o aumento do risco de doenças crônicas não transmissíveis e, consequentemente, o aumento cada vez mais expressivo das taxas de morbidade e mortalidade na população. Além disso, pode haver prejuízos como: má qualidade do sono, aumento do estresse, aumento no uso de medicamentos, falta de disposição, menor interação social, entre outros.

Ao contrário disso, quando crianças e jovens são suficientemente ativos, tendem a ter altos níveis de aptidão física, maior resistência muscular e força, menor risco de ter sobrepeso e obesidade, diminuição do risco de doenças metabólicas e cardiovasculares, melhor saúde óssea e efeitos positivos em fatores psicossociais, como a redução da ansiedade e da depressão (WHO, 2020). Soma-se a isso o fato de que crianças e adolescentes suficientemente ativos têm grandes chances de serem ativos também na fase adulta, o que acarretará esses benefícios à saúde do praticante quando adulto.

Como forma de evitar que as pessoas se tornem insuficientemente ativas na idade adulta e, consequentemente, para que haja a diminuição das taxas de mortalidade na população por esse motivo, é preciso que existam estímulos à prática de atividade física regular desde a infância e a adolescência, de modo que essa prática se estenda ao longo da vida dos indivíduos e, assim, se torne uma medida de prevenção e promoção à saúde (Bacil, 2017).

Para uma pessoa adulta, a recomendação quanto ao tempo de atividade física é de 150 minutos por semana se em intensidade moderada e de ao menos 75 minutos por semana se em intensidade vigorosa. Isso pode ser fracionado em pequenos blocos de tempo ou é possível praticar mais minutos por dia, de uma vez só. Cabe lembrar que, se não for possível fazer o recomendado, a quantidade de tempo que se puder praticar já vai trazer benefícios à saúde – e fazer alguma coisa é melhor do que não fazer nada. Ainda sobre a ideia de que cada minuto feito conta, quanto mais minutos forem realizados, melhor para a saúde da pessoa (Brasil, 2021).

O adulto pode realizar atividades físicas em seu tempo livre, durante o deslocamento (deslocando-se a pé ou de bicicleta, por exemplo), no local de trabalho ou de estudo (subir pela escada em vez de pelo elevador, levantar a cada 40 minutos, movimentando-se, e, quando possível, levantar-se para beber água enquanto verifica notificações no celular etc.) e nas tarefas domésticas (varrer, fazer jardinagem, passar pano etc.).

Indicações culturais

GUTHOLD, R. et al. Global Trends in Insufficient Physical Activity among Adolescents: a Pooled Analysis of 298 Population-Based Surveys with 1.6 Million Participants. **The Lancet Child and Adolescent Health**, v. 4, n. 1, p. 23-35, 2020.

Esse artigo apresenta informações sobre os índices de atividade física entre os adolescentes em nível global. É interessante verificar como o tempo insuficiente de prática de atividade física acontece pelo mundo todo.

4.5 Bioética, atividade física e saúde

O termo *bioética* se refere à ideia de ética da vida, ou seja, é um campo de estudo que se preocupa com a qualidade de vida e o bem-estar dos seres humanos, abordando questões morais e éticas. Sendo atrelada à atividade física e à saúde, a bioética zela pela vida da pessoa, de forma individual e coletiva, com base em princípios éticos, analisando conteúdos práticos, teóricos, conceituais e até mesmo posturas dos profissionais que lidam com essas questões.

A bioética possibilita que as pessoas reflitam e saibam como se comportar nas situações da vida profissional prática e na pesquisa científica, na qual podem surgir conflitos éticos, o que é recorrente no caso de profissionais que trabalham com a saúde dos indivíduos e o estímulo à atividade física, pois estão diretamente ligados ao bem-estar do ser humano.

Sempre que um profissional for atuar em casos que envolvam a prática de atividade física e a saúde do indivíduo, a bioética tem de estar presente. Nesse campo, quatro princípios básicos devem ser observados: a **autonomia** (deve-se respeitar a vontade do paciente quanto à intervenção/tratamento); **beneficência** (a intervenção/tratamento deve considerar o máximo de benefício, com o menor número de prejuízos possível); **não maleficência** (deve-se evitar que haja danos intencionais e que o indivíduo tenha de lidar com outras dores); e **justiça** (não pode haver diferença no tratamento de diferentes indivíduos por questões sociais, culturais, de gênero, étnicas ou religiosas) (Koerich; Machado; Costa, 2005).

III Síntese

Neste capítulo, vimos como fatores psicossociais influenciam a prática de atividade física na fase da infância e da adolescência, como o apoio social, a autoeficácia, a percepção de imagem corporal, a autopercepção de saúde e qualidade de vida e o *bullying*. Assim como outros fatores, os fatores psicossociais devem sempre ser observados para que a prática de atividade física seja incentivada, inclusive no lazer, o qual, pelo menos em parte, deve ser ativo, uma vez que a prática traz benefícios à saúde física e mental do indivíduo. O lazer ativo, na fase da infância e da adolescência, é pressuposto para que a vida adulta seja mais ativa, com mais saúde e melhor percepção de qualidade de vida.

Para isso, há uma recomendação quanto ao tempo e à intensidade da prática de atividade física: 60 minutos de prática moderada/vigorosa para crianças e adolescentes. Nessas fases, os pais/responsáveis, os cuidadores e os amigos influenciam sobremaneira a prática ou não de atividade física. Também é importante lembrar que, se a recomendação não for cumprida, a quantidade de atividade física praticada já vai trazer benefícios à saúde, sendo que o ideal é ir aumentando o tempo e a intensidade da prática.

Também destacamos como a falta de atividade física na infância e na adolescência traz prejuízos à saúde nessas fases e, consequentemente, na fase adulta, como aumento do risco de desenvolvimento de doenças crônicas não transmissíveis, o que acarreta o aumento nas taxas de morbidade e mortalidade da população. Além disso, na fase adulta, pode haver prejuízos como: má qualidade do sono, aumento de estresse, aumento no uso de medicamentos, falta de disposição, menor interação social, entre outros.

Por fim, apresentamos a relação entre a bioética, a atividade física e a saúde, aspectos que estão sempre ligados e aos quais todo profissional dessas áreas tem de estar atento, considerando princípios éticos e morais em suas ações.

Atividades de autoavaliação

1. Qual dos aspectos psicossociais apresentados nas alternativas a seguir tem influência na prática de atividade física?
   a) *Bullying.*
   b) *Apoio social.*
   c) *Autoeficácia.*
   d) *Percepção de imagem corporal.*
   e) *Todas as alternativas anteriores estão corretas.*

2. Analise as afirmativas a seguir e marque V para verdadeiro e F para falso.
   ( ) Os pais e responsáveis têm pouca responsabilidade quando se trata de lazer ativo na infância e na adolescência.
   ( ) Ser suficientemente ativo na infância e na adolescência não influencia a fase adulta.
   ( ) Quanto mais atividade física como lazer o indivíduo praticar, melhor será para a saúde.
   ( ) A falta de atividade física é considerada um problema de saúde pública.

Agora, assinale a alternativa que apresenta a sequência correta:

a) V, F, V, F.
b) V, V, F, F.
c) F, F, F, V.
d) F, F, V, V.
e) F, V, F, F.

3. Quais são os princípios da bioética?
    a) Autonomia; esperteza; gratidão; justiça.
    b) Autonomia; beneficência; não maleficência; justiça;
    c) Paciência; esperteza; inteligência; justiça.
    d) Autoridade; honestidade; bondade; superioridade.
    e) Praticidade; inteligência; honestidade; autonomia.

4. Qual é o tempo recomendado de atividade física para adultos segundo o *Guia de atividade física para a população brasileira* (Brasil, 2021)?

5. Quais são as estratégias para compensar o déficit da falta do brincar na rua?

■ *Atividades de aprendizagem*

Questões para reflexão

1. Quais estratégias governamentais poderiam ser usadas para que as pessoas de todas as faixas etárias fossem mais ativas e, assim, a falta de atividade física deixasse de ser um problema de saúde pública?

2. Quais fatores psicossociais podem estar associados à prática de atividade física na infância e na adolescência? De que forma os profissionais da área e os responsáveis por essas crianças e adolescentes poderiam colaborar, considerando-se esses fatores, para promover a prática de atividade física?

Atividade aplicada: prática

1. Observe uma aula de Educação Física e/ou um treino de iniciação esportiva e faça um diário de bordo descrevendo os seguintes aspectos:
   - local onde ocorreu a aula ou o treino;
   - data e hora do início e do fim da atividade;
   - atividades individuais e em grupo.

   Faça também uma reflexão crítica sobre o modo como ocorreram as tarefas e como a prática se relacionou com os fatores psicossociais.

Capítulo 5

Atividade física como agente transformador

Em muitos casos, a atividade física na infância e na adolescência pode ser considerada um agente transformador, tendo influência em questões educativas, sociais, culturais, ecológicas, entre outras. O objetivo deste capítulo é a compreensão da atividade física como um agente transformador. Para isso, abordaremos os benefícios da prática como ferramenta educativa e social, a atividade física e as relações culturais, seus benefício quanto às doenças psicológicas e no processo de reabilitação de dependência, além da prática nas perspectivas ecológicas.

5.1 Benefícios da prática de atividade física como ferramenta educativa e social

Quando falamos em atividade física e ferramentas educativas e sociais, não há como não citarmos as aulas de Educação Física, uma vez que nelas as crianças e os adolescentes têm contato com a atividade física.

Importante!

Educação Física escolar: as aulas práticas de atividades físicas possibilitam às crianças e aos adolescentes lidar com questões importantes, que vão além da saúde, como interação e inserção sociais, comunicação, expectativas, ética, frustração (saber perder e ganhar) etc.

Dentro da escola, local onde, na infância e na adolescência, os indivíduos passam grande parte do tempo de seu dia, a educação física constitui um dos mais importantes espaços, pois nessas aulas acontece um trabalho relacionado à convivência, à proximidade, à necessidade de contato físico, aos conflitos e às disputas, o que incentiva e demanda o desenvolvimento da inteligência social de cada indivíduo. A presença do professor faz com que essa inteligência seja orientada, evitando-se desvios morais e éticos (Dutra, 2012).

Segundo Debortoli, Linhales e Vago (2006), a Educação Física escolar é, para grande parte das crianças e jovens matriculados no sistema público de ensino, quase que a única possibilidade de conhecimento, sistematização, vivência e problematização dos saberes relacionados à prática corporal de movimento organizados culturalmente. Os autores ainda afirmam que a disciplina de

Educação Física, assim como outros saberes da escola, deve considerar "a participação de todos na reconstrução permanente da vida em sociedade, a democracia como princípio orientador das ações políticas e a cidadania como condição de pertencimento à vida social (Debortoli; Linhales; Vago, 2006, p. 95).

Assim, fica claro que a Educação Física não pode ser pensada isoladamente e os professores não podem ser tratados à margem dos processos educativo e sociocultural da instituição escolar, tendo como objetivo a "cultura corporal do movimento" (Debortoli; Linhales; Vago, 2006, p. 96). Diante desse objetivo, vemos que essa disciplina nas escolas é uma das ferramentas educativas e sociais para as crianças e os adolescentes.

Mas as questões educativas e sociais podem ser aprendidas não só nas escolas. Essa aprendizagem ocorre também nas famílias, pelos meios de comunicação e nas atividades fora da escola – como no caso dos esportes realizados no contraturno escolar, dentro ou fora das instituições. O esporte é uma atividade física que se constitui em uma ferramenta educativa e social muito importante para a educação da criança e do adolescente de todos os segmentos da sociedade, uma vez que possibilita a promoção de intervenções quanto à cooperação, à convivência, à participação, à inclusão, entre outros aspectos (Debortoli; Linhales; Vago, 2006).

De acordo com alguns autores, o esporte é um dos mais importantes fenômenos socioculturais do século XXI e pode ser considerado um dos meios para o desenvolvimento humano, principalmente quando voltado aos jovens, com destaque para os aspectos físicos, sociais e psicológicos ao longo da vida (Reverdito et al., 2016). O esporte oferece uma possibilidade de integração social que permite o desenvolvimento do senso de responsabilidade e de atitudes como seguir regras, respeitar adversários e compreender o outro indivíduo que está "em campo", estimulando, assim, o desenvolvimento de aspectos intelectuais e sociais.

> **Importante!**
>
> O esporte oferece uma possibilidade de integração social que permite o desenvolvimento do senso de responsabilidade e de atitudes como seguir regras, respeitar adversários e compreender o outro indivíduo que está "em campo", estimulando, assim, o desenvolvimento de aspectos intelectuais e sociais.

É claro que nem sempre o esporte será associado somente a aspectos positivos, em contextos nos quais a educação e a socialização são garantidas. A criança e o adolescente envolvidos com o esporte podem presenciar ou participar de situações de violência física e verbal. Segundo Starepravo e Mezzadri (2003), aparentemente esses comportamentos estão incorporados na sociedade e se reproduzem na prática esportiva, já que, nesse espaço social, as pessoas podem externar suas tensões, e nem sempre elas exercem o autocontrole durante as práticas. Starepravo e Mezzadri (2003) afirmam que, em algum momento durante a prática do esporte, pode ocorrer a violência social, representada na configuração de seus praticantes. Entretanto, isso não acontece em decorrência das características esportivas, mas como um reflexo da sociedade.

5.2 Atividade física e relações culturais

Para tratarmos de relações culturais na infância e na adolescência temos de nos referir novamente à escola. A escola é um local de culturas, de acordo com Vago (2009), pois os alunos são produtores de variadas culturas: infantil, juvenil e adulta. Essas culturas abrangem classes sociais, pertencimento étnico, gênero, entre outras marcas que fazem parte da história de cada indivíduo e são significantes para eles. Segundo Vago (2009), a escola é um local em que as culturas circulam, onde é direito de todos conhecer, fruir e usufruir as diversas culturas produzidas pelos seres humanos. O autor ainda afirma que a disciplina de Educação Física oferecida na escola é um recurso potencializador, por meio das atividades que desenvolve, desse "recurso essencial para o viver humano" (Vago, 2009, p. 29) que é a cultura.

Os conteúdos da Educação Física contemplam a cultura corporal, que é o jogo, o esporte, a dança, a ginástica e a luta. Assim, a criança e o adolescente praticam a atividade física entendendo contextos e criações, não somente praticando por praticar, por exemplo. Por isso, no que se refere a essas faixas etárias, temos de mencionar a escola quando falamos de atividade física e relações culturais, mas é claro que esses componentes estão presentes fora dela também.

Cabe observar que a prática de atividade física, em geral, não depende somente de uma decisão pessoal, pois fatores culturais podem facilitar ou dificultar a realização da prática pela criança e pelo adolescente, fazendo com que sejam mais ou menos ativos. Além disso, fatores individuais, coletivos, ambientais, econômicos e políticos, entre outros, também podem influenciar nesse sentido (Brasil, 2021). Segundo o *Guia de atividade física para a população brasileira*, "a atividade física está incluída em muitos movimentos populares, sociais e culturais" (Brasil, 2021, p. 25), sendo um de seus benefícios resgatar e manter vivos diversos aspectos da cultura local.

5.3 Atividade física e doenças psicológicas

A saúde mental é uma importante preocupação de saúde pública global. Ela é parte integrante da saúde e do bem-estar do indivíduo, conforme consta na definição de *saúde* da Constituição da Organização Mundial da Saúde (OMS).

> ### Importante!
>
> A OMS define *saúde* como um estado completo de bem-estar físico, mental e social, e não apenas como a ausência de doença ou enfermidade (WHO, 1946).

Como vimos no Capítulo 1, estudos apontam que aproximadamente 20% das crianças são acometidas por algum distúrbio ou incapacidade mental e que 50% dos transtornos mentais são diagnosticados na adolescência (Belfer, 2008). No Brasil, cerca de 30% dos adolescentes apresentam algum transtorno mental (Lopes et al., 2016).

Quando falamos especificamente das doenças psicológicas, que também estão englobadas nas questões de saúde, podemos citar: depressão, ansiedade, transtorno afetivo bipolar, esquizofrenia, entre outras. Essas doenças geralmente se iniciam ou se desenvolvem na infância ou na adolescência.

A saúde mental pode ser afetada por uma série de fatores socioeconômicos, os quais precisam ser abordados por meio de estratégias abrangentes para que possam ocorrer a promoção, a prevenção, o tratamento e a recuperação de aspectos relacionados à saúde psicológica da população (WHO, 2021a). A saúde mental e as doenças psicológicas têm como determinantes não apenas atributos individuais, como a capacidade de gerenciar pensamentos, emoções e comportamentos e de interagir com os outros, mas também fatores sociais, culturais, econômicos, políticos e ambientais, que abrangem, por exemplo, apoio e proteção social, padrões de vida e políticas nacionais (WHO, 2021a).

> ### Para refletir
>
> Considerando-se o exposto, na sua opinião, a atividade física pode influenciar a prevenção, o tratamento e a recuperação de aspectos relacionados às doenças psicológicas da população?

A literatura aponta que a atividade física pode, sim, exercer influência quanto à prevenção, ao tratamento e à recuperação das doenças psicológicas (Pascoe; Parker, 2018; Poirel, 2017; Stanton et al., 2020). Além do impacto na saúde física, a atividade física apresenta benefícios psicológicos, que tendem a afetar variadas dimensões da saúde mental, como o humor, a ansiedade, o estresse, a depressão e a autoestima (Poirel, 2017).

Entre as doenças psicológicas existentes, precisamos salientar a depressão e a ansiedade na infância e na adolescência, pois são doenças que estão ocorrendo cada vez mais e têm grandes chances de serem desenvolvidas nessas fases da vida (Pascoe; Parker, 2018; Wormington et al., 2013). Tendo isso em vista, a prevenção deve acontecer, e a atividade física realizada como exercícios voltados para a saúde tende a coibir os sintomas dessas doenças e pode, consequentemente, preveni-las (Brown et al., 2013; Bell et al., 2019), tornando-se mais um fator de incentivo à promoção da prática entre os indivíduos na infância e na adolescência. Apesar disso, ainda são necessários mais estudos que mostrem evidências de uma associação entre a atividade física e a prevenção da depressão, pois alguns resultados de estudos ainda são parciais (Biddle et al., 2019).

O incentivo e a promoção de atividade física são importantes também pelo fato de que, como já vimos neste livro, as crianças e os adolescentes estão realizando cada vez menos atividades físicas, e essa prática é relevante para a saúde mental e física. A evolução tecnológica e a modernização do estilo de vida são agravantes nessa questão da falta da prática de atividade física, uma vez que contribuem para o aumento do sedentarismo entre crianças e adolescentes, comportamento que favorece o desenvolvimento de doenças físicas não transmissíveis e pode também interferir na saúde mental (Faria et al., 2020; Hoare et al., 2016).

Em uma revisão sistemática, Hoare et al. (2016) analisaram as associações entre comportamento sedentário e saúde mental (sintomas depressivos e de ansiedade, baixa autoestima, ideação suicida, solidão, estresse e sofrimento psíquico) em adolescentes apontaram que há fortes evidências da relação entre a sintomatologia depressiva, o sofrimento psíquico e o tempo gasto no uso de telas durante o lazer, ou seja, quanto mais tempo sedentário fazendo uso de telas (eletrônicos), maior a tendência de sintomas de depressão e sofrimento psíquico. No estudo, os autores constataram que os adolescentes mais afetados eram aqueles que usavam esses equipamentos de 2 a 3 horas por dia, quando comparados com os que passavam menos tempo em frente às telas.

Ainda quanto a essa associação entre o comportamento sedentário e as doenças psicológicas, existe a tendência de isso ser observado mais em meninas, visto que já é comprovado que elas, em sua maioria, praticam menos atividades físicas e tendem mais ao sedentarismo do que os meninos (Faria et al., 2020). Com base nisso, Faria et al. (2020) sugerem que sejam desenvolvidas interações holísticas e também específicas para as meninas e os meninos, com atenção especial para a saúde psicológica.

Importante!

Tendência:

- ↑ Atividade física – ↓ Doenças psicológicas
- ↓ Tempo sedentário – ↓ Doenças psicológicas

5.4 Atividade física no processo de reabilitação de dependência

A dependência do uso de drogas tem se mostrado um problema de saúde pública ao redor do mundo. É certo que o uso prolongado e abusivo de qualquer tipo de substância psicotrópica, lícita ou não, traz danos ao indivíduo, tanto à saúde quanto no que se refere ao convívio social (Ferreira et al., 2017). Diante dos males que a dependência química traz, o tratamento é uma questão essencial e, para que isso ocorra, os melhores meios devem ser aplicados.

A atividade física é um fator positivo em relação à reabilitação de dependência. Sabe-se que a dependência química tende a provocar a destruição do bem-estar dos indivíduos, nos aspectos físicos, sociais e emocionais. O usuário de álcool e outras drogas, em sua maioria, negligencia os cuidados com a própria saúde (Honorato et al., 2019). Além disso, as consequências negativas do vício para o dependente ficam explícitas em suas relações em geral, familiares, de trabalho, afetivas, bem como nas questões de saúde mental e física em sua totalidade (Ferreira et al., 2017).

A prática de atividade física no processo de reabilitação é mais eficaz do que na recuperação de cuidados com a saúde, atuando como ponto terapêutico para o indivíduo se recuperar da dependência química, uma vez que, durante e após a prática, há uma liberação de substâncias, como os "hormônios do bem-estar" (entre eles a endorfina), que são responsáveis pela sensação de prazer, melhora do humor e relaxamento. Além disso, a prática de atividade física tem relação direta com a melhora da autoestima, questão relevante na reabilitação e até na prevenção da dependência, bem como tem uma ligação positiva com os aspectos sociais, o que tende a melhorar o convício social e as relações afetivas, que são aspectos importantes para a recuperação do indivíduo (Honorato et al., 2019; Ferreira et al., 2017).

Assim, a atividade física, quando realizada como um exercício físico bem estruturado e embasado em parâmetros científicos, é um elo terapêutico importante para o indivíduo que esteja em reabilitação de dependência. O corpo do indivíduo que faz a prática e está em reabilitação passa por transformações que têm relação direta com o aumento da autoestima e as sensações de prazer e melhora do humor (Barbanti, 2012), como já citamos. Então, como benefícios diretos do exercício (podendo ser exercícios aeróbios ou anaeróbios) para quem está em reabilitação, podemos mencionar o alívio e a redução do estresse, a liberação de endorfina e a melhora no convívio social e no humor. Ademais, a prática tende a normalizar aspectos como atenção, memória e controle motor, que podem ter sido afetados com o uso contínuo de substâncias químicas (Barbanti, 2012).

É importante refletir sobre a seguinte afirmação de Barbanti (2012, p. 8): "A recuperação é um processo muitas vezes muito difícil. Ao incorporar em suas práticas de recuperação os exercícios físicos, os dependentes químicos podem aprender novas ferramentas para liberar o estresse, melhorar o humor, adquirir autoconfiança e se conectar com sua força interior".

Segundo Honorato et al. (2019), a prática de atividade física ajuda de forma decisiva no tratamento da dependência, pois, durante o processo de recuperação, o indivíduo precisará suprir a falta das substâncias psicoativas que não mais estão em seu organismo, e a atividade física entra como uma ação que pode suprir essa falta, por meio da sensação de prazer, bem-estar físico e mental, possibilitando até um novo ciclo de amizades e o trabalho com aspectos sociais saudáveis, considerando-se a manutenção da sobriedade.

Importante salientar que tudo isso é um processo, o qual exige o desenvolvimento de um novo estilo de vida, cujos efeitos positivos vão ocorrendo aos poucos, de forma evolutiva, e não de forma instantânea (Barbanti, 2012).

5.5 Atividade física e perspectivas ecológicas

A partir de perspectivas ecológicas, evidências científicas mostram que mudanças positivas no ambiente físico tendem a propiciar um aumento na prática de atividade física durante o lazer (Silva et al., 2014). Por muito tempo as pesquisas indicaram que aspectos psicológicos e sociais influenciam a prática de atividade física pelos indivíduos, mas, conforme o tempo foi passando, percebeu-se que não são somente esses dois aspectos que exercem influência, e sim uma série de fatores em diversos níveis, quais sejam: intrapessoal, interpessoal, comunitário, social ou cultural, além da interação entre eles. As perspectivas ecológicas apresentam modelos ecológicos que explicam toda a influência que o ser humano sofre ao praticar ou não atividade física (Hino; Reis; Florindo, 2010; Sallis et al., 2006).

A teoria ecológica investiga a relação dos indivíduos entre si e com o próprio ambiente (Gallahue; Ozmun; Goodway, 2013). Nos últimos anos, os estudos que abordam a influência do ambiente sobre a atividade física vêm ganhando atenção. O ambiente natural – como clima, vegetação e topografia – e também o ambiente construído – construções, espaços e objetos que são criados ou modificados pelo homem, como calçadas e parques, ciclovias – tendem a influenciar a prática da atividade física (Hino; Reis; Florindo, 2010).

Assim como apontam as perspectivas ecológicas, a atividade física pode ser influenciada pela percepção que o indivíduo tem das atividades, dos papéis e das relações interpessoais manifestados no local onde ele se encontra (Gallahue; Ozmun; Goodway, 2013), englobando pessoas com as quais convive, conhecimento da atividade, infraestrutura para a prática, local em que ocorre a atividade etc. Principalmente na infância e na adolescência, os indivíduos sofrem bastante influência de diversas formas.

Quando se trata de crianças e adolescentes, é importante considerar o disposto na Figura 5.1, a seguir. Ela apresenta a conceituação da teoria ecológica do desenvolvimento, elaborada por Urie Bronfenbrenner (1917-2005), que mostra a influência da percepção individual dos ambientes em que ocorre o comportamento (Gallahue; Ozmun; Goodway, 2013) – no caso deste livro, o comportamento em questão consiste em ser fisicamente ativo.

Figura 5.1 Conceituação da teoria ecológica do desenvolvimento de Bronfenbrenner

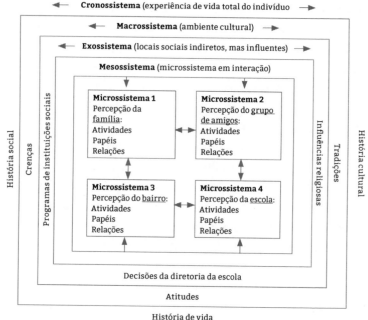

Fonte: Gallahue; Ozmun; Goodway, 2013, p.5 1.

Especificamente, a Figura 5.1 mostra a variedade de contextos ambientais em que ocorre o desenvolvimento do indivíduo (Gallahue; Ozmun; Goodway, 2013) – e temos de lembrar que dentro desses contextos está a prática de atividade física. Essa variedade de contextos ambientais influencia fortemente o indivíduo em relação ao fato de ser mais ou menos ativo e mais ou menos sedentário.

Como pode ser visto na Figura 5.1, Bronfenbrenner classifica esses contextos ambientais da seguinte forma: **microssistema**, que envolve família, escola, bairro, grupo de amigos; **mesossistema**, que se refere à interação entre vários locais dos microssistemas; **exossistema**, que são locais sociais em que o indivíduo não tem um papel ativo, mas as decisões que lá ocorrem o afetam; **Macrossistema**, que abrange a cultura na qual a pessoa está inserida; e **cronossitema**, que diz respeito aos eventos sócio-históricos durante a vida do indivíduo (Gallahue; Ozmun; Goodway, 2013).

Sabendo que ser ou não ser suficientemente ativo depende de vários aspectos, Sallis et al. (2006) também apresentam uma abordagem ecológica que visa explicar tais comportamentos considerando fatores intrapessoais e a interação dos indivíduos com o meio ambiente, com os locais que permitem a prática de atividade física e as políticas públicas. Quanto à prática de atividade física por adolescentes, estudos atuais mostram que há uma relação entre ambiente construído (como disponibilidade de instalações de recreação, acesso a quadras esportivas, menor distância entre a casa e o local de prática), apoios sociais e segurança percebida pelos pedestres (quando a locomoção ocorre a pé), ou seja, quanto melhor é a percepção do ambiente construído, maior a chance de o adolescente ser mais ativo, seja com o deslocamento ativo, seja com a atividade física durante o lazer, seja com a prática de atividade física em geral (Dias et al., 2022).

Indicações culturais

Leitura completa dos artigos:

SALLIS, J. F. et al. An Ecological approach to Creating Active Living Communities. **Annual Review Public Health**, v. 27, p. 297-322, 2006.

DIAS, A. F. et al. Team Sports, Running, Walking: Activity-Specific Associations with Perceived Environmental Factors in Adolescents. **Ciência & Saúde Coletiva**, v. 27, n. 5, p. 1975-1988, 2022.

Síntese

A atividade física é um benefício que pode ser usado como ferramenta educativa e social. Em se tratando de crianças e adolescentes, essa ferramenta é empregada largamente nas aulas de

Educação Física, possibilitando aos indivíduos lidar com questões importantes além da saúde, como interação e inserção sociais, comunicação, expectativas, ética, frustração (saber perder e ganhar) etc. Entretanto, as questões educativas e sociais podem ser aprendidas não só na escola, mas também na família, nos meios de comunicação, em atividades fora do ambiente escolar etc.

Além disso, a atividade física também está associada às relações culturais, uma vez que a prática está inclusa em vários movimentos populares, sociais e culturais, tal como indica o *Guia de atividade física para a população brasileira* (Brasil, 2021). A atividade física igualmente pode ser um agente transformador quando associada a doenças psicológicas e à reabilitação de dependência. Em ambos os casos, a prática de atividade física pode ser uma grande aliada para a prevenção, o tratamento e até a cura, principalmente na infância e na adolescência, que são as fases em que os primeiros sintomas ou tendências à manifestação de comportamentos que levam a alguma doença ou à dependência ocorrem. Cabe lembrar que uma série de fatores pode influenciar a prática de atividade física na infância e na adolescência, como os fatores intrapessoal, interpessoal, comunitário, social e cultural, além da interação entre todos estes, os quais são considerados pelas perspectivas ecológicas, que buscam explicar a influência que o ser humano sofre ao praticar ou não atividade física.

■ *Atividades de autoavaliação*

1. Sobre o esporte na infância e na adolescência, marque V nas afirmativas verdadeiras e F nas falsas.

    ( ) O esporte pode ser uma ferramenta educativa e social.

    ( ) No esporte, algumas vezes, de forma isolada, pode ocorrer a violência social representada na configuração dos praticantes.

( ) O esporte é uma possibilidade de integração social que possibilita desenvolver o senso de responsabilidade, seguir regras, respeitar adversários e compreender o outro indivíduo que está "em campo".

( ) O esporte só pode ser uma ferramenta educativa dentro da escola.

2. A saúde mental e as doenças psicológicas têm como determinantes, na infância e na adolescência:

   a) capacidades individuais apenas, como pensamentos e emoções.
   b) fatores sociais e culturais apenas.
   c) fatores econômicos e políticos apenas.
   d) fatores individuais, como pensamentos e emoções, sociais, culturais, econômicos e políticos.
   e) fatores genéticos, o que será pouco influenciado pelo ambiente.

3. Sobre a atividade física no processo de reabilitação de dependência, analise as afirmativas a seguir.

   I. A atividade física tem relação positiva com a reabilitação de dependência.
   II. A atividade física não apresenta relação significativa com a reabilitação de dependência.
   III. A atividade física no processo de reabilitação age na recuperação de cuidados com a saúde e atua como ponto terapêutico.

   Estão corretas as afirmativas:

   a) I e II.
   b) II e III.
   c) I e III.
   d) II, apenas
   e) III, apenas.

4. De acordo com a perspectiva ecológica, quais são os fatores que influenciam a prática de atividade física, além dos aspectos sociais e psicológicos?

5. De acordo com Bronfenbrenner, quais são os contextos ambientais que podem influenciar o comportamento da criança e do adolescente?

Atividades de aprendizagem

Questões para reflexão

1. Na sua opinião, quais contextos ambientais são mais propícios para tornar a criança e o adolescente mais ativos, de modo a estimulá-los à prática de atividade física?

2. No bairro em que você vive, como é a infraestrutura disponibilizada para favorecer uma vida mais ativa (quanto à segurança do bairro, à existência de parques, praças, quadras etc.)?

Atividade aplicada: prática

1. Faça uma lista do que deveria ser construído nos bairros das cidades para possibilitar que as pessoas sejam mais fisicamente ativas.

Capítulo 6

Atividade física, tecnologias e tendências

Como vimos nos capítulos anteriores, a atividade física é realmente importante para as crianças e os adolescentes. Neste último capítulo, trataremos de atividade física, tecnologias e tendências das práticas, para ampliar a compreensão sobre o assunto na sociedade atual.

Para isso, abordaremos a relação entre o uso de dispositivos eletrônicos, o sedentarismo na infância e na adolescência e a prática de atividade física nessas fases. Enfocaremos também os centros de atividade física infantil, bem como programas de treinamento resistido e de treinamento de *endurance* na infância e na adolescência.

6.1 Uso de dispositivos eletrônicos e o sedentarismo na infância e na adolescência

Como mencionamos no Capítulo 1, a prática de atividade física é importante em todas as faixas etárias e em diferentes momentos da vida, por sua direta relação com resultados positivos para a saúde (ACSM, 2018; Brasil, 2021; WHO, 2020). Vimos também que a saúde vai muito além da ausência de doenças, sendo considerada como um bem-estar físico, mental e social (International Health Conference, 2002).

Cabe lembrar que a atividade física pode ser praticada por meio de diversas possibilidades, divididas em domínios, como a atividade física no tempo livre, a atividade física no deslocamento, a atividade física no trabalho ou no estudo e, por fim, a atividade física durante as tarefas domésticas (WHO, 2020).

No entanto, apesar de todas essas possibilidades para a prática de atividade física, na atualidade, podemos notar, tanto em países desenvolvidos quanto em países em desenvolvimento, como o Brasil, uma grande quantidade de indivíduos que são considerados insuficientemente ativos. Conforme dados atuais, mundialmente, estima-se que 27,5% dos adultos e 81% dos adolescentes são insuficientemente ativos (Guthold et al., 2020; WHO, 2020).

Assim, é importante retomarmos as perguntas: Afinal, o que é considerado *insuficientemente ativo*? Quando um indivíduo é assim qualificado?

Respondendo a esses questionamentos, podemos considerar que o indivíduo insuficientemente ativo é aquele que não atinge as recomendações mínimas para a prática de atividade física e, dessa forma, tende a não se beneficiar dos resultados positivos para a saúde gerados por essa prática.

Devemos observar que as recomendações de atividade física para crianças e adolescentes são maiores do que as destinadas a pessoas adultas. Para obterem os benefícios à saúde, crianças e adolescentes de 5 a 17 anos devem fazer pelo menos uma média de 60 minutos por dia de atividade física, de intensidade moderada a vigorosa, com característica principalmente aeróbica, ao longo da semana. Além disso, nessa faixa etária, devem ser realizadas atividades aeróbicas de intensidade vigorosa, bem como atividades de fortalecimento muscular pelo menos 3 dias por semana (ACSM, 2018; Brasil, 2021; WHO, 2020). Essas atividades de fortalecimento (treinamento resistido) e *endurance* serão discutidas mais adiante neste capítulo.

Importante!

As recomendações de atividade física para pessoas adultas (18 a 59 anos) são: fazer pelo menos 150 a 300 minutos de atividade física aeróbica de intensidade moderada por semana, ou pelo menos 75 a 150 minutos de atividade física aeróbica de intensidade vigorosa por semana, ou uma combinação equivalente de atividade de intensidade moderada e vigorosa ao longo da semana. Também é indicado fazer atividades de fortalecimento muscular em intensidade moderada ou maior que envolvam todos os principais grupos musculares em 2 ou mais dias na semana, pois estas proporcionam benefícios adicionais à saúde.

Para idosos (60 anos ou mais), a recomendação se assemelha àquela direcionada a adultos (150 a 300 minutos de atividade física aeróbica de intensidade moderada por semana, ou pelo menos 75 a 150 minutos de atividade física aeróbica de intensidade vigorosa por semana). Além disso, como parte da atividade física semanal, os idosos devem fazer atividade física multicomponente variada que enfatize o equilíbrio funcional e o treinamento de força em intensidade moderada ou maior, em 3 ou mais dias na semana, para melhorar a capacidade funcional e prevenir quedas.

Indicações culturais

BRASIL. Ministério da Saúde. Secretaria de Atenção Primária à Saúde. Departamento de Promoção da Saúde. **Guia de atividade física para a população brasileira**. Brasília, 2021. Disponível em: <https://bvsms.saude.gov.br/bvs/publicacoes/guia_atividade_fisica_populacao_brasileira.pdf>. Acesso em: 2 maio 2023.

Nesse guia, você encontrará as recomendações de atividade física para todas as faixas etárias da população brasileira.

Então, por qual motivo devemos manter níveis adequados de atividade física? Quais são as consequências de mantermos um comportamento insuficientemente ativo para a nossa saúde?

Com relação à mortalidade, a Organização Mundial da Saúde (OMS) estima que pessoas insuficientemente ativas apresentam um risco de morte de 20% a 30% maior em comparação com pessoas suficientemente ativas (WHO, 2022b). Além da mortalidade, é demonstrado que ser insuficientemente ativo aumenta a incidência de doença arterial coronariana, infarto agudo do miocárdio, hipertensão arterial, câncer, diabetes tipo 2, osteoporose e obesidade (Bull et al., 2020).

Outro fator relacionado com os problemas de saúde citados anteriormente, e que muitas vezes é confundido com a falta de atividade física, é o sedentarismo ou os comportamentos sedentários. Segundo o *Guia de atividade física para a população brasileira* (Brasil, 2021, p. 9),

Comportamento sedentário envolve atividades realizadas quando você está acordado sentado, reclinado ou deitado e gastando pouca energia. Por exemplo, quando você está em uma dessas posições para usar celular, computador, tablet, videogame e assistir à televisão ou à aula, realizar trabalhos manuais, jogar cartas ou jogos de mesa, dentro do carro, ônibus ou metrô.

O organograma a seguir mostra as diferenças entre ter um comportamento sedentário e ser insuficientemente ativo, com o intuito de exemplificar e padronizar as duas terminologias (Figura 6.1). Nesse organograma, atente às intensidades da atividade física (leve, moderada e vigorosa).

Figura 6.1 Organograma e definição operacional para os construtos *comportamento sedentário* e *atividade física*

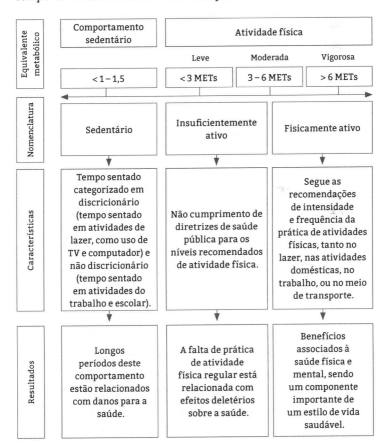

Fonte: Meneguci et al., 2015, p. 164.

Diferentemente do que se observa em relação aos níveis insuficientes de atividade física, não há estimativas globais de comportamento sedentário; contudo, sabe-se que o tempo de comportamento sedentário da população vem aumentando. No Brasil, de acordo com a Pesquisa Nacional de Saúde do Escolar (IBGE, 2021), 36% dos jovens de 13 a 17 anos costumam assistir à televisão por mais de 2 horas, e 53,1% costumam permanecer sentados por mais de 3 horas diárias realizando atividades diversas. Apesar de esse estudo mencionar apenas o tempo de televisão, um valor superior a 2 horas diárias em comportamentos sedentários pode ser considerado maléfico para a saúde.

Na atualidade, a exposição à televisão pode ser muito grande entre crianças e adolescentes, mas devemos considerar também outros dispositivos eletrônicos que são muito utilizados por essa fração da população. Frequentemente, os estudos que abordam o sedentarismo em crianças e adolescentes empregam o conceito de *tempo de tela*, que é usado para avaliar comportamentos sedentários e é definido como o tempo que os jovens passam utilizando dispositivos eletrônicos (televisão, *videogames*, computador, *tablets* e *smartphones*).

Boa parte desses dispositivos eletrônicos pode ser considerada como inovações tecnológicas recentes e está contribuindo para a mudança dos padrões de atividade física e o aumento do comportamento sedentário em todo o mundo, tornando os indivíduos menos ativos, especialmente nas horas de lazer.

De fato, os tipos de dispositivos eletrônicos usados pelos jovens mudam rapidamente. Se nas décadas passadas a televisão era a maior responsável pelo tempo de tela gasto, passando pelos *videogames* e pelos computadores, hoje os *smartphones* e os *tablets* ocupam a maior parte do tempo de tela entre os adolescentes e grande parte das crianças (Kenney; Gortmaker, 2017).

Nota-se ainda que o uso de *smartphones* é um comportamento típico entre adolescentes, alcançando cerca de 80% dos indivíduos entre 15 e 17 anos de idade, e mesmo crianças com menos de 3 anos de idade já possuem seu próprio dispositivo eletrônico (Kenney; Gortmaker, 2017).

Diante de todas as possibilidades e facilidades de acesso em relação ao uso de dispositivos eletrônicos que tornam os indivíduos jovens mais sedentários, o tempo de uso destes é preocupante, uma vez que um volume diário igual ou superior a 2 horas de televisão está associado a diversos malefícios à saúde (Guerra; Farias Júnior; Florindo, 2016). Entre esses malefícios, podemos citar o maior risco de desenvolvimento de obesidade infantil, diminuição da aptidão física, baixos escores de autoestima e piora no desempenho estudantil (Hill et al., 2016; Guerra; Farias Júnior; Florindo, 2016).

Além dessa relação entre o uso de dispositivos eletrônicos e os desfechos para a saúde, um estudo realizado no Estado do Paraná mostrou que adolescentes de 15 a 17,9 anos que usavam exclusivamente o *smartphone* por mais de 2 horas diárias apresentavam 58% mais chances de consumir álcool e acima de duas vezes mais chances de consumir tabaco. Ambos os comportamentos são nocivos à saúde, sendo relacionados a diversas doenças, e geralmente se iniciam entre 12 e 15 anos de idade, mantendo-se esse hábito até a vida adulta (Piola et al., 2021).

Um artigo da American Academy of Pediatrics (Hill et al., 2016) menciona que, durante a primeira infância, existe uma associação entre o tempo excessivo gasto em frente à televisão e os atrasos cognitivos, na linguagem e sociais/emocionais. Além disso, há uma provável diminuição na interação entre pais e filhos quando a televisão está ligada, acarretando um relacionamento familiar mais pobre em domicílios com alto uso da mídia.

Considerando essas relações entre o uso excessivo de dispositivos eletrônicos e o sedentarismo, as doenças e os comportamentos de risco para a saúde, podemos questionar se existe algum tempo mínimo aceitável para o uso desses dispositivos em diferentes faixas etárias.

Segundo o *Guia de atividade física para a população brasileira* (Brasil, 2021), até 1 ano de idade, deve-se evitar o uso de dispositivos eletrônicos a qualquer momento e, de 1 a 5 anos, essa utilização deve ser de, no máximo, 1 hora por dia. Ademais, esse uso deve se restringir a programas que envolvam educação e aprendizado, especialmente para a criança aprender sobre o mundo a sua volta (Hill et al., 2016).

Após os 6 anos de idade, deve-se limitar o tempo de permanência na frente de computador, *smartphone*, *tablet*, *videogame* e televisão a, no máximo, 2 horas por dia, sempre que possível (Brasil, 2021). Além disso, o uso não deve competir com o período de sono recomendado (de 9 a 12 horas) nem com as atividades físicas e educacionais da criança (Hill et al., 2016).

Observando essas recomendações básicas, podemos considerar que os pais deveriam estar mais atentos ao uso desses dispositivos eletrônicos e oferecer às crianças mais alternativas que não sejam o comportamento sedentário. Entretanto, diminuir o uso de dispositivos eletrônicos não é uma tarefa simples, e gerenciar o tempo de tela de uma criança é um enorme desafio para os pais e as mães na atualidade, especialmente em razão da quantidade de tempo gasto com compromissos relativos ao trabalho e ao sustento da família.

6.2 Uso de dispositivos eletrônicos na prática de atividade física na infância e na adolescência

Na seção anterior, discutimos o quão pode ser prejudicial o grande tempo que crianças e adolescentes passam praticando atividades sedentárias e quais são os problemas que esses comportamentos podem acarretar à saúde.

Observamos também que essas atividades sedentárias são, em grande parte, realizadas na presença de dispositivos eletrônicos. Como vimos, conforme as recomendações mais atuais sobre o tema, sugere-se evitar longos períodos de comportamento sedentário, porém não há evidências suficientes para definir um limite preciso (ponto de corte) para a quantidade de tempo sedentário ou tempo de tela recreacional (Bull et al., 2020).

Com relação a esse uso, mencionamos também que a quantidade de indivíduos jovens que usam os dispositivos eletrônicos cresce a cada dia e, quanto mais velhos são esses indivíduos, maior é o tempo gasto utilizando esses equipamentos.

Dessa forma, podemos fazer um questionamento importante: Se não pudermos diminuir de maneira expressiva o uso dos dispositivos eletrônicos, poderíamos pensar em usá-los como aliados para a diminuição do sedentarismo e o aumento da atividade física? Quais seriam as alternativas para a utilização desses dispositivos com o intuito de mudar o comportamento dos indivíduos jovens?

A partir da década de 1990, os jogos eletrônicos começaram a se tornar cada vez mais populares e, com o passar dos anos, os avanços tecnológicos associados aos consoles de jogos, aos *smartphones*, aos *videogames* e aos jogos *online* fazem com que continuem a aumentar sua popularidade e sua acessibilidade. Existem evidências de que mais de 90% das crianças e dos adolescentes nos Estados Unidos jogam *videogames*, havendo uma grande porcentagem que gasta uma quantidade cada vez mais substancial de tempo nessa atividade (Gentile, 2009).

Apesar de algumas preocupações relativas a esse grande tempo gasto em frente a esses dispositivos, o setor de jogos continua a crescer, tendo se tornado um mercado de US$ 180 bilhões em 2021, valor este considerado mais do que o dobro do registrado em 2014 (Derevensky; Gilbeau; Hayman, 2019), o que talvez justifique tanto incentivo para o uso.

Uma evolução do movimento dos jogos é o *e-sports*. O termo *e-sports* é a união de duas palavras, *eletronic* e *sports*, cuja tradução literal é "esporte eletrônico". Algumas vezes ele não é considerado um esporte, pois não abrange elevado gasto energético, porém alguns autores o defendem pelo fato de ele ter características de esporte (Godtsfriedt; Cardoso, 2021), e é possível afirmar que a notoriedade e a investigação científica dos jogos eletrônicos vêm crescendo (Borsato et al., 2019). Trata-se de algo que eclodiu nos últimos anos, sendo cada vez mais praticado; aliás, é uma das indústrias mais lucrativas do mundo (Godtsfriedt; Cardoso, 2021).

O que caracteriza essa prática como esporte é sua organização e sua competividade. Os *e-sports* são derivados dos jogos eletrônicos, mas com características diferentes. Os jogos eletrônicos são utilizados apenas de forma recreativa, enquanto os *e-sports* têm uma característica competitiva e organizada, e investiga-se sua espetacularização (Wagner, 2006; Godtsfriedt; Cardoso, 2021). Assim como todo esporte profissional, existem federações, patrocinadores, equipes, atletas e torcedores desse esporte. São elaborados campeonatos mundiais pelas federações nacionais e internacionais, com equipes que se enfrentam em competições coletivas e individuais, as quais são acompanhadas por seus torcedores.

Em razão do crescimento das competições no meio virtual, os praticantes dos *e-sports* foram denominados *cyber atletas*. O *cyber* atleta necessita de algumas capacidades para conseguir destaque em seu meio, as quais, fundamentalmente, são funções cognitivas e psicomotoras, que abrangem o processo de informação, aprendizagem, memória, atenção e solução de problemas.

Ainda nesse contexto, grande parte das organizações enfatiza abertamente a obrigatoriedade da atividade física para seus jogadores, assim como de uma alimentação balanceada em suas *gaming houses* (alojamentos da organização). Essa cobrança relacionada às práticas físicas no âmbito dos *e-sports* é diretamente associada à saúde e ao rendimento dos atletas, não aludindo a fins estéticos prioritariamente.

Essa é uma observação importante e que poderia ser explorada para a conscientização das pessoas em relação ao uso de jogos eletrônicos, uma vez que essas competições atraem dezenas de milhares de espectadores, e alguns dos jogadores conseguem angariar uma quantidade muito grande de "seguidores" nas redes sociais. Além disso, constata-se que houve um aumento no número de jovens que desejam se tornar jogadores profissionais (Derevensky; Gilbeau; Hayman, 2019; Wagner, 2006).

Por que essa observação é importante em relação aos níveis de atividade física e comportamentos sedentários? Em virtude da abrangência do público que os *cyber* atletas alcançam. Como os próprios jogadores têm de se preocupar com os seus níveis de atividade física e a sua alimentação, eles poderiam passar ao seus espectadores essa preocupação e destacar a importância desses aspectos para a saúde. Dessa forma, eles seriam capazes de conscientizar, em especial, os fãs mais jovens dos *e-sports* de que estes também devem se preocupar com os seus níveis de atividade física e uma alimentação balanceada.

Por outro lado, considerando-se que nem todos se tornarão profissionais dos *e-sports* e que a principal característica desses jogos é a recreação, alternativas poderiam ser usadas para aumentar os níveis de atividade física dos indivíduos, impedindo-os de ficar muitas horas em comportamento sedentário enquanto utilizam esses equipamentos eletrônicos. Nesse sentido, crianças e adolescentes deveriam ser incentivados a optar por jogos eletrônicos com movimentos (Brasil, 2021).

Esses jogos eletrônicos com movimento, mais conhecidos como *videogames ativos* (ou *exergames*), podem aumentar de forma significativa o gasto energético e o nível de atividade física em comparação com jogos de *videogame* com características sedentárias. Desse modo, podem ser uma alternativa ao jogo tradicional ou à atividade física de intensidade moderada, afetando de maneira positiva a saúde de crianças e adolescentes (Benzing; Schmidt, 2018; Giancotti et al., 2018).

Os *videogames* ativos incentivam o aumento da atividade física, especialmente em crianças e adolescentes que não conseguem envolver-se em atividades físicas mais tradicionais, como as brincadeiras ativas e os esportes (Giancotti et al., 2018). Ainda, é demonstrado que esses jogos provocam ganhos motivacionais, assim como regularidade, imersão e diversão. A importância da diversão deve ser considerada e está ganhando mais atenção na pesquisa sobre os *videogames* ativos porque parece ser uma importante variável na manutenção de um nível mais alto de atividade física (Benzing; Schmidt, 2018).

O maior gasto energético relativo ao uso de *videogames* ativos é evidenciado no compêndio de atividades físicas elaborado por Ainsworth et al. (1993) e atualizado por Ainsworth et al. (2011). Nesse compêndio, várias atividades são apresentadas e classificadas de acordo com o seu **Equivalente Metabólico da Tarefa** (**MET**, abreviação do inglês *Metabolic Equivalent of Task*), que representa um valor padronizado utilizado para estimar o gasto energético das atividades físicas executadas. Valores de repouso têm um equivalente metabólico de 1,0 e, conforme as atividades físicas são praticadas, o equivalente metabólico aumenta; quanto maior a intensidade da atividade física ou do exercício praticado, maior o valor do MET.

Conforme o referido compêndio, o jogo de *videogame* tradicional apresenta o mesmo equivalente metabólico das atividades sedentárias – manter-se sentado, assistir à televisão, meditar, dormir etc. –, que é de 1,0 MET. Por outro lado, o mesmo compêndio demonstra que o equivalente metabólico para a utilização dos *videogames* ativos varia entre 2,3 MET (Wii Fit® com esforço leve, como equilíbrio e ioga) e 7,2 MET (esforço vigoroso, como o Dance Dance Revolution) (Ainsworth et al., 2011).

Outro estudo que avaliou equivalentes metabólicos para jogos em *videogames* ativos demonstrou que, para o jogo Zumba® Fitness Rush, do console XBOX Kinetic 360®, o valor alcançado foi de 6,3 MET (Giancotti et al., 2018), sendo a prática considerada uma atividade de intensidade vigorosa (Ainsworth et al., 2011). Esses são resultados importantes, uma vez que é demonstrado de forma objetiva que os *videogames* ativos conseguem elevar o gasto energético de seus praticantes, podendo até mesmo ser utilizados como uma forma alternativa para a prática de atividade física por crianças e adolescentes.

Indicações culturais

FARINATTI, P. de T. V. Apresentação de uma versão em português do Compêndio de Atividades Físicas: uma contribuição aos pesquisadores e profissionais em Fisiologia do Exercício. **Revista Brasileira de Fisiologia do Exercício**, v. 2, p. 177-208, 2003. Disponível em: <http://www.saudeemmovimento.com.br/revista/artigos/rbfex/v2n2a6.pdf>. Acesso em: 13 jun. 2023.

O Compêndio de Atividades Físicas apresenta uma padronização de classificações e estimativas de gasto calórico de 605 atividades cotidianas, de lazer, laborais e desportivas, executadas em intensidades diferentes.

Algumas observações devem ser feitas para a utilização dos *videogames* ativos. Um estudo realizado por Custódio et al. (2019) avaliou as características de uso desses dispositivos, sendo constatado que a utilização dos *videogames* ativos é menor entre indivíduos de 16 e 17 anos em comparação com indivíduos de 12 e 13 anos de idade, concluindo-se que a assiduidade no uso desses equipamentos parece ser maior entre indivíduos mais jovens. Além disso, os mesmos autores demonstraram que havia 89% a mais de chance de os jovens utilizarem esse equipamento eletrônico quando ele estava instalado no quarto. Isso nos leva a crer que os jovens se sentem mais à vontade quando estão sozinhos usando o *videogame* ativo ou, pelo menos, sem a presença dos pais ou responsáveis (Custódio et al., 2019).

Além dos *videogames* ativos, podemos destacar também a utilização dos *smartphones* como uma forma de aumentar a atividade física de crianças e adolescentes. Um bom exemplo disso é o jogo Pokémon GO®, que basicamente é um jogo centrado em localização de realidade aumentada, em que monstros do universo Pokémon são encontrados no mundo real, vistos na tela do *smartphone* do jogador. O objetivo geral do jogo é capturar os Pokémons, treiná-los e entrar em batalhas de conquistas. O Pokémon aparece aleatoriamente em vários locais, e o jogador tem de estar nas proximidades dos monstros para pegá-los, utilizando o GPS do *smartphone*. Dessa forma, os jogadores devem se movimentar pelo ambiente para pegar o Pokémon, coletar itens em PokéStops e lutar batalhas em ginásios. Esses Pokémons que aparecem ficam visíveis por até 30 minutos para todos os jogadores naquele local (Wang, 2021).

A principal tendência dos artigos que relatam contagens de passos em relação a indivíduos jovens é que os jogadores de Pokémon GO® têm um número maior de contagem de passos do que os não jogadores. Em uma revisão sistemática da literatura realizada por Wang (2021), foi observado que o aumento na contagem de passos diários variou entre 995 passos e 1.976 passos, podendo representar um aumento de até 35% depois de os jovens começarem a utilizar o jogo. Ademais, os jogadores de Pokémon GO® apresentaram um aumento de 30 minutos por dia em atividades de intensidade leve e de 50 minutos por semana em atividades de intensidade moderada a vigorosa, reduzindo também o comportamento sedentário em 30 minutos por dia (Wang, 2021), além de outros benefícios, como interação social, exposição ao sol e contato com a natureza.

No entanto, alguns efeitos adversos do jogo devem ser citados, quais sejam: motoristas e pedestres distraídos ao jogar, acidentes de trânsito e questões de comportamento que incluem invasão de propriedades e violação das leis (Wang, 2021). Concluímos, assim, que ainda é necessário desenvolver melhores estratégias para associar o uso de eletrônicos com a prática de atividade física.

6.3 Centro de atividade física

Tendo em vista as possibilidades positivas e negativas do uso de equipamentos eletrônicos, podemos considerar, então, que, de alguma forma, as crianças e os adolescentes deveriam passar menos tempo utilizando esses dispositivos. Essa questão deve ser observada principalmente quando relacionada ao aumento dos níveis de atividade física e à diminuição do tempo sedentário.

Exemplos da quantidade de tempo que crianças e adolescentes deveriam gastar em cada uma das atividades podem ser dados pela pirâmide de atividade física (Figura 6.2). A pirâmide de atividade física é um guia visual que ajuda as pessoas a entender quais atividades diárias e esportes podem fazer para ter um estilo de vida mais saudável e quais devem ser a frequência semanal e o tempo de prática diária. Além disso, a pirâmide demonstra quais atividades no tempo de lazer devem ser evitadas ou ter seu tempo diminuído durante a semana (Corbin; Pangrazi, 1998).

Na base da pirâmide estão as atividades que devem ter uma maior frequência de prática semanal, alcançando de 5 a 7 dias por semana. Elas se constituem em atividades que podem ser realizadas todos os dias e que não exigem um grande esforço físico, como caminhar, ir a pé ou de bicicleta para a escola, subir escadas em vez de usar o elevador, passear com o animal de estimação, brincar fora de casa, ajudar a arrumar os brinquedos, ajudar a arrumar o jardim etc. (Corbin; Pangrazi, 1998).

Na segunda parte da pirâmide se encontram as atividades que podem ser realizadas de 3 a 5 vezes por semana e que devem compor a maior parte dos 60 minutos de atividade física diária recomendada. Nessa segunda parte estão as atividades aeróbicas que devem ser praticadas com intensidade moderada a vigorosa, como uma caminhada rápida ou *jogging*, natação, andar de bicicleta ou dança aeróbica. Além dessas atividades aeróbicas, podem ser incorporadas atividades esportivas e recreativas, como basquete, futebol, artes marciais e tênis (Corbin; Pangrazi, 1998).

Figura 6.2 Pirâmide MyActivity para crianças

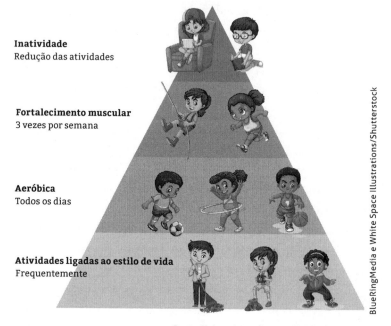

Fonte: Elaborado com base em Extension..., 2023.

Na terceira parte da pirâmide aparecem as atividades que devem ser realizadas de 2 a 3 vezes por semana e que trabalham o fortalecimento muscular, como cabo de guerra, subir cordas, flexões e abdominais, que auxiliam tanto o fortalecimento muscular como a saúde em geral (vamos retomar esse tema na Seção 6.4). Além dessas atividades de fortalecimento, devem ser trabalhados os exercícios de alongamento e flexibilidade (Corbin; Pangrazi, 1998).

Na última parte da pirâmide, que representa o pico, estão as atividades que devem ser evitadas ou ter uma diminuição drástica em sua prática. Representam as atividades sedentárias, que são aquelas realizadas quando o indivíduo está acordado sentado, reclinado ou deitado e gastando pouca energia (Corbin; Pangrazi, 1998; Brasil, 2021).

Considerando-se essa pirâmide de atividade física, as atividades aeróbicas e de fortalecimento tendem a ser mais difíceis de serem realizadas atualmente pelas crianças e pelos adolescentes, e isso se deve à diminuição muito acentuada, nas últimas décadas, das práticas espontâneas de jogos, esportes e brincadeiras durante o tempo livre.

Essas práticas espontâneas são afetadas, em grande parte, pelas menores oportunidades e pela presença de barreiras para a prática de atividade física, como a falta de segurança fora dos lares, a falta de companhia, a falta de lugares para a prática perto de casa e a dificuldade de transporte até os locais que oferecem a atividade física (Ferrari Junior et al., 2016). Além dessas barreiras, há também a concorrência muito forte das atividades sedentárias proporcionadas pelos dispositivos eletrônicos, como vimos anteriormente.

Essas questões se tornam um problema, pois as oportunidades de prática devem ser propiciadas, indiscriminadamente, para as crianças explorarem as habilidades motoras que são de fundamental importância para seu ciclo vital. Esse objetivo pode ser atingido desde que se ofereçam às crianças possibilidades de prática com vivências variadas de movimentos corporais (Wall et al., 2011).

A prática de atividade física e de esportes e a participação nas aulas de Educação Física escolar são elementos relevantes para influenciar uma vida saudável na adolescência. No entanto, a prática de atividade física é oferecida de forma limitada como disciplina escolar. Nesse contexto, o ambiente escolar pode proporcionar ainda atividades esportivas, socialização e incentivo à prática de exercícios físicos em horários extracurriculares (Pacífico et al., 2020). Assim, uma forma de aumentar a prática de exercício na infância e na adolescência é a consolidação de programas esportivos no contraturno escolar.

Resultados positivos da prática esportiva organizada no contraturno escolar são apresentados em um estudo realizado na cidade de Curitiba, no Paraná, em que foi demonstrado que o nível de atividade física geral é maior entre os participantes esportivos no contraturno escolar quando estes são comparados aos jovens, tanto do sexo feminino quanto do sexo masculino, que não participam de atividades fiscais regulares (Pacífico, 2018).

Além desse maior nível de atividade física geral, o estudo evidenciou ainda diferenças relacionadas à aptidão física, como o consumo máximo de oxigênio ($VO_{2máx}$), que foi maior nos praticantes de esporte no contraturno escolar do que nos não praticantes de exercícios físicos, para ambos os sexos. Para as meninas, foi constatado que as praticantes de esporte no contraturno escolar apresentaram melhores resultados em testes de flexão abdominal, força em membros superiores e flexibilidade do que as não praticantes de exercícios físicos (Pacífico, 2018).

É relatado, ainda, que, em países como a Índia e Bangladesh, há uma baixa presença de atividade física insuficiente, o que pode ser explicado pelo forte foco em participação esportiva, especialmente críquete, que é frequentemente jogado nas comunidades locais. Já nos Estados Unidos, há uma melhor estrutura nas escolas e um maior foco em atividades esportivas nas aulas de Educação Física. Além disso, existe uma ampla cobertura da mídia sobre esportes, bem como uma forte presença de clubes esportivos que proporcionam muitas oportunidades para atuar em esportes estruturados e organizados, como hóquei no gelo, futebol americano, basquete ou beisebol (Guthold et al., 2020).

Com relação à prática estruturada de atividades esportivas, os clubes esportivos e as escolinhas desempenham um importante papel, aumentando as possibilidades de contato com uma atividade física programada e voltada para o caráter esportivo.

Quando se observam as capacidades físicas em crianças e adolescentes, é possível notar sua relação com a prática esportiva, identificando-se a melhora das capacidades físicas com a prática de diferentes atividades esportivas sistematizadas. Essas capacidades físicas estão especificamente relacionadas com o desempenho de habilidades motoras, e o desenvolvimento de habilidades motoras básicas nessa população pode ser uma saída para uma vida mais ativa e, consequentemente, a diminuição dos altos níveis de sedentarismo.

Desse modo, é consenso que deve haver uma abrangência generalizada de habilidades motoras e capacidades físicas trabalhadas, para que os indivíduos jovens tenham contato com várias atividades, o que vai resultar em maiores experiências motoras que poderão levar a uma maior inserção no esporte e na prática de atividade física em longo prazo, alcançando a vida adulta (Bacil; Mazzardo; Silva, 2020; Gallahue; Ozmun; Goodway, 2013).

Entre as capacidades físicas trabalhadas nas atividades esportivas sistematizadas para crianças e adolescentes, podemos destacar, por exemplo, velocidade, agilidade, equilíbrio, flexibilidade, resistência e força. Essas capacidades afetam o desempenho de habilidades motoras básicas utilizadas no dia a dia pelos jovens, como correr, saltar e arremessar (Gallahue; Ozmun; Goodway, 2013).

6.4 Programas de treinamento resistido na infância e na adolescência

Segundo Nahas (2017, p. 83), a força muscular "é a capacidade derivada da contração muscular, que nos permite mover o corpo, levantar objetos, empurrar, puxar, resistir a pressões ou sustentar cargas". Ainda de acordo com esse autor, "os músculos inativos se tornam fracos, flácidos e menos elásticos" e, em contrapartida, os músculos que são treinados e usados com frequência "se tornam mais firmes, fortes e flexíveis" (Nahas, 2017, p. 83). Tendo isso em vista, podemos concluir que a prática de exercícios regulares garante que tenhamos mais eficiência em nossas tarefas diárias.

De forma geral, o treinamento que torna nossos músculos mais fortes é o treinamento resistido (TR), também conhecido como *treinamento de força*. Esse tipo de treinamento exige que a musculatura corporal se movimente (ou tente se movimentar) contra uma força oposta, gerando, assim, uma sobrecarga adicional, o que causa uma tensão na musculatura (Frois et al., 2014).

O TR tem sido abordado há relativamente pouco tempo no que se refere a crianças e adolescentes. Ainda nas décadas de 1970 e 1980, havia uma concepção de que o treinamento de força era, de todas as formas, prejudicial e perigoso para as crianças e os adolescentes e que esse treinamento era capaz de causar danos irreversíveis nas placas de crescimento (discos epifisários), interrompendo o processo de crescimento (Campos; Brum, 2004). Por essa razão, apesar de estudos mais recentes apontarem o TR como seguro para crianças e adolescentes, há ainda uma certa resistência à utilização desse tipo treinamento com indivíduos jovens (Nunes Filho et al., 2018).

Indicações culturais

MALINA, R. M.; BOUCHARD, C. **Atividade física do atleta jovem**: do crescimento à maturação. Tradução de Cláudio Assencio Rocha e Lúcia Speed Ferreira de Mello. São Paulo: Roca, 2002.

A obra de Robert Malina e Claude Bouchard trata, entre outras questões, do crescimento ósseo e das placas de crescimento.

Dessa maneira, o TR é comumente menos incentivado para crianças e adolescentes em comparação com modalidades como natação, ginástica e outros esportes. Em geral, ainda há a concepção de que o treinamento de força prejudica o crescimento físico e que outros esportes ajudam no crescimento dos indivíduos jovens (Frois et al., 2014).

Entretanto, aprofundando esse assunto, Frois et al. (2014) realizaram a análise de 16 pesquisas sobre os efeitos do TR no crescimento físico, somando um total de 1.008 crianças e adolescentes, entre 7 e 12 anos de idade. Nesses estudos, o crescimento físico foi comparado entre os indivíduos praticantes de TR e grupos controle (que não realizavam o treinamento) e, como resultado, foi demonstrado que os jovens que praticavam o treinamento resistido obtiveram um crescimento médio superior em relação às crianças dos grupos controle (Frois et al., 2014).

Podemos afirmar, ainda, que o problema não está no TR em si, mas nas técnicas empregadas e na intensidade dos treinamentos. Com efeito, o treinamento de corrida de longa distância, a natação, a ginástica, entre outros esportes, também têm um potencial de lesão nas placas de crescimento se as cargas de treinamento não forem adequadas para as faixas etárias e houver um excesso de uso (*overuse*) (Gallahue; Ozmun; Goodway, 2013).

Além disso, quando se faz uma comparação com indivíduos adultos, a quantidade de lesões derivadas do TR em indivíduos jovens é numericamente semelhante e pouco comum, sendo que as mais frequentes parecem ser os estiramentos e as distensões musculares, geralmente ocasionadas por excesso de treinamento (Benedet et al., 2013).

Observado o fato de que o TR não é prejudicial às crianças e aos adolescentes e que lesões nessa faixa etária são mais relacionadas à intensidade dos estímulos, quais seriam, então, os benefícios desse tipo de treinamento para indivíduos jovens?

De modo geral, o TR gera diversos benefícios à saúde e ao desenvolvimento da aptidão física, entre os quais podemos citar a melhora das habilidades motoras dos indivíduos jovens, o que permite a realização de atividades esportivas com melhor desempenho, e a redução dos riscos de lesões, especialmente ligamentares, ao praticar essas atividades (Nahas, 2017; Miller; Cheatham, 2010).

Weineck (1999) menciona que muitos indivíduos jovens deixam de atingir seu potencial esportivo por não sofrerem estímulos adequados de fortalecimento de seu aparelho locomotor. Além disso, o TR gera aumento na força e melhoria do desempenho físico; assim, os indivíduos podem realizar suas tarefas com mais eficiência e menos fadiga em atividades da vida diária (Fleck; Kraemer, 2017; Nahas, 2017).

Contudo, o aumento de força observado em crianças não é relacionado ao aumento da massa muscular. O aumento de força esperado com o TR está ligado às adaptações neurológicas e neuromotoras e às propriedades contráteis do músculo. Acredita-se, ademais, que a melhora da coordenação de movimentos proporcione um acréscimo de força em movimentos complexos e que as unidades motoras sejam recrutadas mais facilmente com o treinamento. Dessa forma, na infância, podemos observar ganhos de força semelhantes entre meninos e meninas que realizam um treinamento para aquisição de força (Campos; Brum, 2004; Malina; Bouchard, 2002).

Somando-se a esses benefícios para o desempenho físico relacionados ao TR, existem também os benefícios relativos à saúde. Diversos indicadores de saúde sofrem melhorias, com destaque para a diminuição da gordura corporal, a melhora na composição corporal, melhoras no sistema cardiovascular, com mudanças na pressão arterial, no perfil lipídico e na sensibilidade à insulina, aumentos na densidade mineral óssea e na produção sérica do fator de crescimento IGF-1 (Benedet et al., 2013; Fleck; Kraemer, 2017).

Considerando-se que, para melhorar a força de um grupo muscular, é preciso exercitá-lo regularmente num nível mais intenso do que o observado costumeiramente, é necessário aplicar o princípio da sobrecarga, utilizando-se cargas que exijam adaptações fisiológicas e estruturais (morfológicas) (Nahas, 2017). Sobre essa regularidade, as recomendações de atividade física para crianças e adolescentes indicam que devem ser realizadas, em ao menos 2 a 3 dias da semana, atividades de fortalecimento dos músculos e dos ossos (Brasil, 2021). Esse tipo de treinamento com sobrecarga é uma metodologia gradual, e sua intensidade deve ser adaptada de acordo com a especificidade do indivíduo, respeitando-se seus limites e suas restrições fisiológicas (Nunes Filho et al., 2018).

A prescrição do TR para crianças precisa seguir alguns princípios básicos, como realizar aquecimento antes de iniciar a sessão de exercícios e fazer uma volta à calma ao final de cada sessão, requisitar exames físicos, que devem ser aplicados antes e quando a criança já é praticante desse tipo de atividade, e evitar o levantamento de peso envolvendo a capacidade máxima da criança (Weineck, 1999; Campos; Brum, 2004).

Além desses princípios básicos, o Quadro 6.1 resume as recomendações mais importantes para a participação de jovens nos programas de TR.

Quadro 6.1 Síntese dos principais indicadores relativos ao treinamento resistido para crianças e adolescentes

Características dos exercícios e da sessão	Realizar 8 a 12 exercícios estruturais para todo o corpo; 8 a 15 repetições; volume moderado; intensidade moderada a baixa; isotônico; treinamento cardiovascular e de flexibilidade concomitante 2 a 3 vezes na semana em dias alternados; variar sistematicamente as sessões; utilizar inicialmente o peso do corpo seguido de equipamentos ou acessórios adequados ergonomicamente.
Enfatizar	Amplitude completa; técnica correta; ambiente, materiais e equipamentos adequados e seguros; supervisão por adulto qualificado; relação instrutor/aluno não maior que 1:10; ingestão adequada de líquidos e alimentos; priorizar força, resistência, equilíbrio e coordenação.
Evitar	Intensidade e volume elevados; caráter competitivo, *power lifting* e *body building*; esteroides anabolizantes e substâncias ilícitas; suplementos de forma arbitrária; equipamentos e ambiente do adulto.
Mitos	TR provoca lesões e compromete indicadores antropométricos (peso, estatura), cardiorrespiratórios, hemodinâmicos e flexibilidade.
Verdades	Treinamento rigoroso pode prejudicar a saúde; programas adequados à maturidade física e emocional são seguros e promovem melhorias nas habilidades motoras, no bem-estar psicossocial e na resistência a lesões.

Fonte: Benedet et al., 2013, p. 45.

Outra observação importante em relação ao TR para indivíduos jovens é que, de forma geral, crianças com menos de 5 anos de idade não são capazes de segui-lo, pois são muito dispersivas e enjoam facilmente das atividades (Campos; Brum, 2004). Desse modo, nessa faixa etária, não se emprega o treinamento de força, como ele é conhecido, bastando a própria compulsão das crianças por se movimentarem para que haja um desenvolvimento do aparelho locomotor (Weineck, 1999).

Assim, o treinamento de força deve ser conduzido de forma que a criança execute movimentos naturais, como subir e superar obstáculos utilizando-se do próprio peso do corpo para gerar sobrecarga, entre outros (Campos; Brum, 2004). Um bom exemplo disso são as brincadeiras em *playgrounds*, nos quais as crianças podem escalar, subir escadas, escorregar, deslizar, pendurar-se, deslocar-se em escadas horizontais dando passos com as mãos e os pés etc. (Weineck, 1999).

6.5 Programas de treinamento de *endurance* na infância e na adolescência

O exercício de *endurance*, também chamado de *exercício aeróbico*, inclui atividades que aumentam a respiração e a frequência cardíaca dos indivíduos, tais como caminhar, correr, nadar, andar de bicicleta e pular corda. Esses exercícios mobilizam o metabolismo aeróbico, que é responsável pelo suprimento de energia para atividades prolongadas, com duração superior a 3 minutos aproximadamente (Powers; Howley, 2017).

Então, de modo geral, a partir do momento em que se realizam exercícios com uma duração prolongada, existe uma demanda maior por oxigênio para a produção de energia, e isso se deve à necessidade de oxidação de substratos energéticos, como os ácidos graxos livres e a glicose circulante. Dessa maneira, o metabolismo aeróbico é potencialmente aumentado para suprir a energia requerida pelas contrações musculares (Powers; Howley, 2017).

Em um contexto de desempenho, o treinamento de *endurance* visa aumentar o consumo de oxigênio ou outros índices de aptidão aeróbica (por exemplo, lactato/limiar ventilatório, eficiência do exercício), podendo ocorrer, por exemplo, pelo treino de longas corridas, ciclismo e natação. É possível, então, avaliar a aptidão aeróbica de um indivíduo com base no tempo que ele leva, antes da exaustão, para realizar exercícios rítmicos que envolvam grandes grupos musculares, como o agachamento (Campos; Brum, 2004).

Como já vimos, as recomendações de atividade física do *Guia de atividade física para a população brasileira* (Brasil, 2021) e da Organização Mundial da Saúde (WHO, 2022a) estabelecem, inicialmente, a necessidade de fazer 60 minutos pelo menos de prática de atividade física aeróbica todos os dias, sendo 3 dias de pelos menos 60 minutos de atividades de fortalecimento muscular.

Com esse tipo de prática (exercícios aeróbicos), desenvolve-se a aptidão aeróbica ou a resistência aeróbica cardiovascular, que pode ser considerada um parâmetro relacionado à saúde. Como se trata de um aspecto de resistência muscular específico do coração, dos pulmões e do sistema vascular, refere-se à capacidade de realizar numerosas repetições de atividades "estressantes", exigindo o uso dos sistemas circulatório e respiratório (Gallahue; Ozmun; Goodway, 2013). Os exercícios de *endurance* estão relacionados ao consumo máximo de oxigênio ($VO_{2máx}$), que diz respeito à maior quantidade de oxigênio que se pode consumir durante a atividade física, medindo a capacidade máxima do indivíduo de transferir oxigênio aos tecidos do corpo. O $VO_{2máx}$ é, portanto, o parâmetro mais utilizado para investigar o estado funcional do sistema de transporte de oxigênio, ou seja, avaliar a aptidão aeróbica (Gallahue; Ozmun; Goodway, 2013).

É muito importante para o indivíduo ter um bom consumo máximo de oxigênio, o que significa ter uma boa aptidão aeróbica. Há fortes evidências na literatura de que a baixa aptidão cardiovascular é associada à maior morbidade e à alta mortalidade por todas as causas, incluindo doenças cardiovasculares (DCV) e câncer. Evidências científicas mostram que, quanto maior o nível de atividade física do indivíduo, maior é seu $VO_{2máx}$ (Pacífico, 2018).

Os níveis mais elevados de aptidão cardiovascular na infância e na adolescência estão associados a um perfil cardiovascular mais saudável na vida adulta. Todavia, cabe mencionar que, em geral, uma pessoa pode ter um incremento de até 20% do $VO_{2máx}$ com treinamento, pois este é influenciado pela herança genética. O $VO_{2máx}$ tem a tendência de melhorar em função da idade até 18 a 20 anos em homens, enquanto nas mulheres tende a ser nivelado ou a cair por volta dos 14 anos. Esse declínio pode acontecer pela combinação de fatores fisiológicos e sociais, e as melhorias se devem ao treinamento. Tais diferenças entre homens e mulheres aparecem mais durante a adolescência (Gallahue; Ozmun; Goodway, 2013).

No entanto, apesar de os estudos demonstrarem os efeitos positivos da aptidão cardiorrespiratória, seus níveis em crianças e adolescentes na atualidade podem ser considerados baixos. Essa observação se confirma com os dados de um estudo que identificou que a aptidão cardiorrespiratória de 25,4 milhões de pessoas de 6 a 19 anos de 27 países diminuiu 3,6% por década, de 1958 a 2003 (Tomkinson; Olds, 2007). Como o nível de atividade física de crianças e adolescentes atualmente está baixo, como vimos anteriormente, a maioria é insuficientemente ativa, e isso está diretamente relacionado à aptidão cardiovascular.

Quando falamos de programas de treinamento de *endurance* na infância e na adolescência, temos de lembrar que, assim como ocorre com os exercícios resistidos, os exercícios aeróbicos devem ser prescritos adequadamente para cada idade, sem cometer excessos para que não se tornem prejudiciais para o indivíduo. Segundo Gallahue, Ozmun e Goodway (2013), as crianças em específico, antes da puberdade, não respondem como esperado ao treinamento aeróbico, o que pode ser explicado pelo fato de que as crianças precisariam de uma intensidade de treinamento mais elevada para demonstrar capacidade de treinamento aeróbico significativa. Como as crianças já são naturalmente mais ativas e têm níveis de aptidão física mais elevados do que os adultos, elas necessitariam de mais atividade para apresentar algum efeito de treinamento, além de tenderem a ter menos motivação para treinar.

Portanto, a prática de exercícios aeróbicos na infância e na adolescência é muito importante, mas é essencial que o treinamento seja adequado para cada idade. As ressalvas apresentadas quanto às crianças não significam que elas não possam fazer exercício de resistência aeróbica ou melhorar suas capacidades nesses exercícios, e sim que não se pode esperar que as crianças realizem esses exercícios ou treinem para eventos de resistência com o mesmo nível dos adultos (Gallahue; Ozmun; Goodway, 2013).

III *Síntese*

Neste capítulo, vimos a importância da diminuição no tempo gasto com os comportamentos sedentários e do aumento da atividade física em crianças e adolescentes, uma vez que esses comportamentos estão relacionados a diversas questões de saúde. Porém, observamos que, atualmente, as crianças e os adolescentes fazem uso excessivo de dispositivos eletrônicos e que estes tendem a tornar os indivíduos menos ativos, especialmente nas horas de lazer, gerando problemas como obesidade infantil, diminuição da aptidão física, baixos escores de autoestima, piora no desempenho estudantil, além de distúrbios alimentares e do sono. Contudo, verificamos também que a utilização de alguns desses dispositivos eletrônicos pode até incentivar a prática de atividades físicas, como os *videogames* ativos, que têm como princípio a necessidade de que os praticantes se movimentem para poder jogar.

Na contramão do uso de dispositivos eletrônicos, discutimos também a importância da participação de crianças e adolescentes em práticas corporais espontâneas, como as brincadeiras e os jogos. Essas atividades são afetadas pela presença de barreiras para a prática de atividade física, como a falta de segurança fora dos lares. Dessa forma, grande parte das opções de atividades físicas, exercícios e práticas esportivas passa pela participação de crianças e adolescentes em espaços dedicados à atividade física infantil, que vão suprir essa dificuldade na prática de atividade física. Como parte dessa participação em atividades físicas direcionadas, o treinamento de força pode ser uma atividade importante para a melhora das habilidades motoras, a diminuição no risco de lesões em atividades esportivas e a melhora do desempenho físico; assim, os indivíduos podem realizar suas tarefas cotidianas com mais eficiência e menos fadiga. Tratamos, por fim, das atividades de *endurance*, que são relevantes porque estão diretamente relacionadas com a melhora da aptidão cardiovascular, o que beneficia a saúde da criança e do adolescente. Sempre é necessário ter cautela nos treinamentos tanto de força quanto de *endurance*, sendo primordial que sejam adequados para cada idade.

Atividades de autoavaliação

1. Levando em consideração que o treinamento resistido não causa prejuízos para o crescimento físico de crianças e adolescentes e que esse tipo de treinamento gera diversos benefícios à saúde e ao desenvolvimento da aptidão física, marque a alternativa **incorreta** em relação ao treinamento resistido em crianças:
    a) O aumento de força observado com o treinamento resistido em crianças não é relacionado ao aumento da massa muscular.
    b) O aumento de força esperado com o treinamento resistido em crianças é relacionado a adaptações neurológicas e neuromotoras e às propriedades contráteis do músculo.
    c) O treinamento resistido pode auxiliar no desenvolvimento da coordenação motora.
    d) Com o treinamento resistido, há um acréscimo de força em movimentos complexos, e as unidades motoras são recrutadas mais facilmente.
    e) Na infância, é possível observar maiores ganhos de força nos meninos em relação às meninas que realizam o treinamento resistido.

2. Relacione corretamente cada termo à sua definição:

(a) Sedentário	( ) Segue as recomendações de intensidade e frequência da prática de atividade física, resultando em benefícios à saúde física e mental.
(b) Insuficientemente ativo	( ) Tempo sentado ou deitado que, quando ocorre por longo períodos, está relacionado a danos para a saúde.
(c) Fisicamente ativo	( ) Não cumprimento de toda a recomendação das diretrizes da saúde pública para a atividade física; pode ser que essa falta da prática regular de atividade física leve a efeitos deletérios à saúde.

3. Quanto ao uso de dispositivos eletrônicos, assinale a alternativa correta:

   a) O tempo de uso de dispositivos eletrônicos não é preocupante na infância e na adolescência.
   b) Entre crianças e adolescentes, quanto mais velho é o indivíduo, maior é a chance de gastar mais tempo utilizando esses equipamentos.
   c) De nenhuma forma os dispositivos eletrônicos podem ser benéficos quando se trata de prática de atividade física.
   d) Há grandes chances de futuramente as crianças e os adolescentes terem menos tempo de uso desses dispositivos, visto que o mercado de jogos eletrônicos não tende a crescer.
   e) Crianças e adolescentes não devem ser incentivados a optar por jogos eletrônicos com movimentos.

4. Diante de todas as possibilidades e facilidades de acesso em relação ao uso de dispositivos eletrônicos que causam o sedentarismo em indivíduos jovens, está havendo um aumento do tempo de uso e, consequentemente, do tempo sedentário. Quais são os malefícios para a saúde associados ao uso excessivo dos aparelhos eletrônicos?

5. Apesar de os dispositivos eletrônicos serem relacionados aos comportamentos sedentários, existem alternativas para o uso destes para o aumento e a manutenção dos níveis de atividade física. Cite e explique duas formas de utilização de dispositivos eletrônicos capazes de aumentar os níveis de atividade física de crianças e adolescentes.

Atividades de aprendizagem

Questões para reflexão

1. Na sua opinião, em razão de o mundo estar cada vez mais avançado na tecnologia digital, quais seriam os caminhos para incentivar ainda mais, por meio dos dispositivos eletrônicos, a prática de atividade física na infância e na adolescência?

2. Em paralelo ao que foi questionado anteriormente, o que poderia ser feito para que as crianças e os adolescentes também se interessem por atividades práticas sem o uso de telas, tendo em vista que não é recomendado o uso destas durante muito tempo?

Atividade aplicada: prática

1. Faça uma pesquisa e liste alguns aplicativos de celular que estimulam a prática de atividade física.

Considerações finais

Neste livro, apresentamos diversos aspectos sobre a prática de atividade física na infância e na adolescência. Discutimos a importância da prática, fatores que estão relacionados com a prática ou não de atividade física, fatores relativos à saúde física, mental e social e também aspectos referentes ao excesso da prática inadequada de atividade física em algumas situações.

Primeiramente, vimos as definições de *atividade física* e de *exercício físico*, mostrando as especificidades de cada um desses conceitos e o que eles abrangem, como domínios, benefícios e segurança. Também destacamos os aspectos conceituais de saúde, que inclui o bem-estar físico, mental e social. Comentamos que, apesar de estarem comprovados os benefícios da prática de atividade física, a maioria das crianças e dos adolescentes não pratica a quantidade mínima recomendada de atividade física, que é de 60 minutos por dia com intensidade moderada a vigorosa, sendo que as meninas tendem a praticar menos do que os meninos.

Na sequência, abordamos a relação dos espaços escolares com a prática de atividade física. Tratamos das estruturas e das características das escolas infantis e de ensino básico, ressaltando a importância de documentos como a Base Nacional Comum Curricular (BNCC), que norteia as propostas pedagógicas das escolas, entre elas questões relacionadas às estruturas desses espaços, que podem influenciar as crianças e os adolescentes para serem mais ou menos ativos. Além da estrutura escolar, existem outras barreiras que podem dificultar a prática de atividade física dessa população, como dificuldades organizacionais, falta de materiais adequados, de apoio social e de tempo, baixa autoeficácia, *bullying*, custo e clima.

Em seguida, analisamos as atividades desportivas na infância e na adolescência, mencionando pontos positivos e alguns cuidados que devem ser considerados quando se lida com esporte e atividade física nessas fases. Também discutimos sobre distúrbios alimentares, que podem acontecer principalmente na adolescência, chamando a atenção para cuidados com a especialização precoce e o *overtraining*, pontos a que os profissionais de educação física e os pais também devem ficar atentos, buscando evitá-los, uma vez que trarão consequências. No início da adolescência, por exemplo, ocorrem intensas mudanças físicas, psicológicas, cognitivas e sociais que são influenciadas por todo e qualquer comportamento, ficando os indivíduos vulneráveis à influência da mídia, dos amigos e daqueles que estão a sua volta.

Apresentamos igualmente os impactos da prática regular de atividade física na infância e na adolescência, incluindo fatores psicossociais, cognitivos e físicos. Nessas fases, a emoção, as relações sociais e as ações desses indivíduos influenciam a prática ou não de atividade física, visto que eles são mais dependentes de outras pessoas para realizar algo e tendem a ser mais influenciados. Há uma tendência de que, conforme o avanço da idade, o indivíduo se torne cada vez menos ativo e mais sedentário, sendo um dos motivos as tecnologias e necessidades da sociedade atual, que é repleta de comodidades. Por essa razão, destacamos a importância do incentivo a um lazer ativo, sempre se preocupando com a qualidade de vida e o bem-estar dos seres humanos.

Por fim, enfocamos a atividade física como agente transformador, evidenciando os benefícios da prática como ferramenta educativa e social, além das relações culturais propiciadas. Tratamos ainda da relação positiva entre a atividade física e as doenças psicológicas, em que, quanto se mais pratica atividade física voltada para a saúde, maior é a chance de cura, tratamento e prevenção de doenças psicológicas. A reabilitação de dependência também tem vantagens quando associada à prática de atividade física, e existem evidências que indicam essa relação.

Na continuidade, mostramos que a prática ou a falta de prática de atividade física é influenciada pelo ambiente em que a criança e o adolescente vivem, o que colocamos em destaque ao abordarmos as perspectivas ecológicas.

Com a leitura deste livro, esperamos que você, leitor, tenha compreendido a importância da prática de atividade física na infância e na adolescência. Essa prática está associada a fatores como desenvolvimento motor, hábitos alimentares e consequências na fase adulta, por isso é de grande relevância para a obtenção de benefícios à saúde física e mental do indivíduo.

Também esperamos que você tenha entendido que há aspectos que podem promover a atividade física ou criar barreiras que dificultam a prática e que o incentivo à prática de atividade física tem de acompanhar os avanços tecnológicos e as características culturais de cada população.

Referências

ACSM – American College of Sports Medicine. **ACSM's Guidelines for Exercise Testing and Prescription**. Philadelphia: Wolters Kluwer, 2018.

AINSWORTH, B. E. et al. Compendium of Physical Activities: a Second Update of Codes and MET Values. **Medicine & Science in Sports & Exercise**, v. 43, n. 8, p. 1575-1581, Aug. 2011.

AINSWORTH, B. E. et al. Compendium of Physical Activities: Classification of Energy Costs of Human Physical Activities. **Medicine & Science in Sports & Exercise**, v. 25, n. 1, p. 71-80, Jan. 1993.

ALBANO, R. D.; SOUZA, S. B. Ingestão de energia e nutrientes por adolescentes de uma escola pública. **Jornal de Pediatria**, v. 77, n. 6, p. 512-516, 2001. Disponível em: <https://www.scielo.br/j/jped/a/xjFZXCRzVpG9NKtvZBWZGng/?lang=pt>. Acesso em: 5 jun. 2023.

APPELQVIST-SCHMIDLECHNER, K. et al. Relationships between Youth Sports Participation and Mental Health in Young Adulthood among Finnish Males. **American Journal of Health Promotion**, v. 32, n. 7, p. 1502-1509, Sept. 2018.

AZEREDO, C. M. et al. Dietary Intake of Brazilian Adolescents. **Public Health Nutrition**, v. 18, n. 7, p. 1215-1224, May 2015.

BACIL, E. D. A. **Correlatos da atividade física e do comportamento sedentário de escolares de 11 a 15 anos da rede pública de ensino de Curitiba/PR**. 167 f. Tese (Doutorado em Educação Física) – Universidade Federal do Paraná, Curitiba, 2017. Disponível em: <https://acervodigital.ufpr.br/handle/1884/48964>. Acesso em: 5 jun. 2023.

BACIL, E. D. A. et al. Atividade física e maturação biológica: uma revisão sistemática. **Revista Paulista de Pediatria**, v. 33, n. 1, p. 114-121, 2015. Disponível em: <https://www.scielo.br/j/rpp/a/j67GkmF7LyZHP5jcCC8Pksp/?format=pdf&lang=pt>. Acesso em: 5 jun. 2023.

BACIL, E. D. A.; MAZZARDO, O.; SILVA, M. P. **Crescimento e desenvolvimento motor**. 2. ed. Curitiba: InterSaberes, 2020.

BARBANTI, E. J. A importância do exercício físico no tratamento da dependência química: resumo. **Educação Física em Revista**, v. 6, n. 1, p. 1-9, jan./abr. 2012. Disponível em: <https://portalrevistas.ucb.br/index.php/efr/article/view/3005>. Acesso em: 5 jun. 2023.

BARBOSA FILHO, V. C. et al. The Prevalence of Global Physical Activity among Young People: a Systematic Review for the Report Card Brazil 2018. **Revista Brasileira de Cineantropometria Humana**, v. 20, n. 4, p. 367-387, 2018.

BARUFALDI, L. A. et al. ERICA : prevalência de comportamentos alimentares saudáveis em adolescentes brasileiros. **Revista de Saúde Pública**, v. 50, n. 1, Feb. 2016. Disponível em: <https://www.scielo.br/j/rsp/a/FhQPgVv6Y8c6fxtXDXqJ5QL/?lang=pt>. Acesso em: 5 jun. 2023.

BATISTA, M. B. et al. Participation in Sports in Childhood and Adolescence and Physical Activity in Adulthood: a Systematic Review. **Journal of Sports Sciences**, v. 37, n. 19, p. 2253-2262, Oct. 2019.

BAUMAN, A. E. et al. Correlates of Physical Activity: Why Are Some People Physically Active and Others Not ? **The Lancet**, v. 380, n. 9838, p. 258-271, Jul. 2012.

BEHRINGER, M. et al. Effects of Resistance Training in Children and Adolescents: a Meta-Analysis. **Pediatrics**, v. 126, n. 5, p. 199-210, Oct. 2010.

BELFER, M. L. Child and Adolescent Mental Disorders: the Magnitude of the Problem across the Globe. **Journal of Child Psychology and Psychiatry**, v. 49, n. 3, p. 226-236, Mar. 2008.

BELL, S. L. et al. The Relationship between Physical Activity, Mental Wellbeing and Symptoms of Mental Health Disorder in Adolescents: a Cohort Study. **International Journal of Behavioral Nutrition and Physical Activity**, v. 16, p. 1-12, Dec. 2019.

BENEDET, J. et al. Treinamento resistido para crianças e adolescentes. **ABCS Health Sciences**, v. 38, n. 1, p. 40-46, 2013. Disponível em: <http://files.bvs.br/upload/S/1983-2451/2013/v38n1/a3663.pdf>. Acesso em: 5 jun. 2023.

BENZING, V.; SCHMIDT, M. Exergaming for Children and Adolescents: Strengths, Weaknesses, Opportunities and Threats. **Journal of Clinical Medicine Review**, v. 7, n. 11, p. 1-12, Nov. 2018.

BIDDLE, S. J. H. et al. Physical Activity and Mental Health in Children and Adolescents: an Updated Review of Reviews and an Analysis of Causality. **Psychology of Sport and Exercise**, v. 42, p. 146-155, May 2019.

BJØRNARÅ, H. B. et al. Does Organized Sports Participation in Childhood and Adolescence Positively Influence Health? A Review of Reviews. **Preventive Medicine Reports**, v. 23, n. 6, p. 1-9, May 2021.

BONITA, R.; BEAGLEHOLE, R.; KJELLSTRÖM, T. **Epidemiologia básica**. Tradução de Juraci A. Cesar. São Paulo: Santos, 2008.

BORSATO, M. et al. A produção acadêmico-científica sobre jogos eletrônicos em periódicos da área de Educação Física no Brasil. **Motrivivência**, Florianópolis, v. 31, n. 60, p. 1-23, out./dez. 2019. Disponível em: <https://periodicos.ufsc.br/index.php/motrivivencia/article/view/2175-8042.2019e59692>. Acesso em: 5 jun. 2023.

BRASIL. Lei n. 9.394, de 20 de dezembro de 1996. **Diário Oficial da União**, Poder Legislativo, Brasília, DF, 23 dez. 1996. Disponível em: <https://www.planalto.gov.br/ccivil_03/leis/l9394.htm>. Acesso em: 5 jun. 2023.

BRASIL. Ministério da Saúde. **Base Nacional Comum Curricular**: educação é a base. Brasília, 2018. Disponível em: <http://basenacionalcomum.mec.gov.br/>. Acesso em: 8 maio 2023.

BRASIL. Ministério da Saúde. Secretaria de Atenção à Saúde. Departamento de Atenção Básica. **Guia alimentar para a população brasileira**. 2. ed. Brasília, 2014. Disponível em: <https://bvsms.saude.gov.br/bvs/publicacoes/guia_alimentar_populacao_brasileira_2ed.pdf>. Acesso em: 5 jun. 2023.

BRASIL. Ministério da Saúde. Secretaria de Atenção Primária à Saúde. Departamento de Promoção da Saúde. **Guia de atividade física para a população brasileira**. Brasília, 2021. Disponível em: <https://bvsms.saude.gov.br/bvs/publicacoes/guia_atividade_fisica_populacao_brasileira.pdf>. Acesso em: 5 jun. 2023.

BRENNER, J. S. American Academy of Pediatrics Council on Sports Medicine and Fitness. Overuse Injuries, Overtraining, and Burnout in Child and Adolescent Athletes. **Pediatrics**, v. 119, n. 6, p. 1242-1245, June 2007.

BROWN, H. E. et al. Physical Activity Interventions and Depression in Children and Adolescents: a Systematic Review and Meta-Analysis. **Sports Medicine**, v. 43, n. 3, p. 195-206, Mar. 2013.

BULL, F. C. et al. World Health Organization 2020 Guidelines on Physical Activity and Sedentary Behaviour. **British Journal of Sports Medicine**, v. 54, n. 24, p. 1451-1462, Dec. 2020.

CAMPOS, J. G. **Comportamentos de risco à saúde em atletas adolescentes**: associação com componentes da prática esportiva. 114 f. Dissertação (Mestrado em Educação Física) – Universidade Federal do Paraná, Curitiba, 2019. Disponível em: <https://acervodigital.ufpr.br/handle/1884/60879>. Acesso em: 5 jun. 2023.

CAMPOS, J. G. et al. Sports Participation Associated with Health Risk Behaviors in Adolescent Athletes. **Revista Brasileira de Medicina do Esporte**, v. 26, n. 4, p. 317-322, jul./ago. 2020. Disponível em: <https://www.scielo.br/j/rbme/a/rG96qGwMQCzDGZDvjZVYNVR/?lang=en>. Acesso em: 5 jun. 2023.

CAMPOS, W.; BRUM, V. P. C. **Criança no esporte**. Edição do autor. Curitiba: [s.n.], 2004.

CARTER, C. W.; MICHELI, L. J. Training the Child Athlete for Prevention, Health Promotion, and Performance: How Much Is Enough, How Much Is Too Much? **Clinics in Sports Medicine**, v. 30, n. 4, p. 679-690, Oct. 2011.

CASPERSEN, C. J.; POWELL, K. E.; CHRISTENSON, G. M. Physical Activity, Exercise, and Physical Fitness: Definitions and Distinctions for Health-Related Research. **Public Health Reports**, Washington, v. 100, n. 2, p. 126-131, Mar./Apr. 1985.

CDC – Centers for Disease Control and Prevention. Youth Risk Behavior Surveillance: United States, 2015. **Surveiilance Summaries**, v. 65, n. 6, p. 1-174, June 2016.

CHUNG, J. Y.; SUN, M. S.; KIM, H. J. What Makes Bullies and Victims in Korean Elementary Schools? **Children and Youth Services Review**, v. 94, p. 132-139, Nov. 2018.

CORBIN, C. B.; PANGRAZI, R. P. Physical Activity Pyramid Rebuffs Peak Experience. **ACSM's Health and Fitness Journal**, v. 2, n. 1, p. 12-17, Jan. 1998.

CUREAU, F. V. et al. ERICA: inatividade física no lazer em adolescentes brasileiros. **Revista de Saúde Pública**, v. 50, n. 1, p. 1-11, 2016. Disponível em: <https://www.scielo.br/j/rsp/a/rW5z97L6gZPSfkmzfYh7fqn/>. Acesso em: 5 jun. 2023.

CURRIE, C. et al. (Ed.). Social Determinants of Health and Well-Being among Young People: Health Behaviour in School-Aged Children (HBSC) Study – International Report from the 2009/2010 Survey. **Health Policy for Children and Adolescents**, n. 6, p. 1-272, 2012.

CUSTÓDIO, I. G. et al. Uso de exergames em adolescentes: fatores associados e possibilidade de redução do tempo sedentário. **Revista Paulista de Pediatria**, v. 37, n. 4, p. 442-449, 2019. Disponível em: <https://www.scielo.br/j/rpp/a/TSYBKvQrbxfPvncXRwpqGGB/?lang=en>. Acesso em: 5 jun. 2023.

DALE, L. P. et al. Physical Activity and Depression, Anxiety, and Self-Esteem in Children and Youth: an Umbrella Systematic Review. **Mental Health and Physical Activity**, v. 16, n. 4, p. 66-79, Mar. 2019.

DARFOUR-ODURO, S. A. et al. A Comparative Study of Fruit and Vegetable Consumption and Physical Activity among Adolescents in 49 Low-and-Middle-Income Countries. **Scientific Reports**, v. 8, n. 1, p. 1-12, Jan. 2018.

DEBORTOLI, J. A.; LINHALES, M. A.; VAGO, T. M. Infância e conhecimento escolar: princípios para a construção de uma educação física "para" e "com" as crianças. **Pensar a Prática**, v. 5, p. 92-105, 2006. Disponível em: <https://revistas.ufg.br/fef/article/view/48>. Acesso em: 5 jun. 2023.

DEREVENSKY, J. L.; GILBEAU, L.; HAYMAN, V. Behavioral Addictions: Excessive Gambling, Gaming, Internet, and Smartphone Use among Children and Adolescents. **Pediatric Clinics of NA**, v. 66, n. 6, p. 1163-1182, Dec. 2019.

DIAS, A. F. et al. Team Sports, Running, Walking: Activity-Specific Associations with Perceived Environmental Factors in Adolescents. **Ciência & Saúde Coletiva**, v. 27, n. 5, p. 1975-1988, 2022.

DORTCH, K. S. et al. The Association between Sport Participation and Dietary Behaviors among Fourth Graders in the School Physical Activity and Nutrition Survey. **American Journal Health Promotion**, v. 29, n. 2, p. 99-106, Nov./Dec. 2014.

DUTRA, W. G. Aspectos sociais na Educação Física escolar. **EFDeportes.com**, Buenos Aires, v. 17, n. 172, set. 2012. Disponível em: <https://efdeportes.com/efd172/aspectos-sociais-na-educacao-fisica-escolar.htm>. Acesso em: 5 jun. 2023.

EXTENSION - University of Missouri. MyActivity Pyramid for Kids. Disponível em: <https://extension.missouri.edu/publications/n386>. Acesso em: 6 set. 2023.

FARIA, F. R. et al. Behavioral Classes Related to Physical Activity and Sedentary Behavior on the Evaluation of Health and Mental Outcomes among Brazilian Adolescents. **Plos One**, v. 15, n. 6, p. 1-15, 2020.

FERRARI JUNIOR, G. J. et al. Fatores associados às barreiras para a prática de atividade física de adolescentes. **Revista Brasileira de Atividade Física e Saúde**, v. 21, n. 4, p. 307-316, 2016. Disponível em: <https://rbafs.org.br/RBAFS/article/view/7125>. Acesso em: 5 jun. 2023.

FERREIRA, S. E. et al. Efeitos agudos do exercício físico no tratamento da dependência química. **Revista Brasileira de Ciências do Esporte**, v. 39, n. 2, p. 123-131, abr./jun. 2017. Disponível em: <https://www.scielo.br/j/rbce/a/gCGsCj8CtYmkpnL7tthHDFS/abstract/?lang=pt>. Acesso em: 5 jun. 2023.

FLECK, S. J.; KRAEMER, W. J. **Fundamentos do treinamento de força muscular**. Tradução de Jerri Luis Ribeiro e Regina Machado Garcez. 4. ed. Porto Alegre: Artmed, 2017.

FROIS, R. R. de S. et al. Treinamento de força para crianças: uma metanálise sobre alterações do crescimento longitudinal, força e composição corporal. **Revista Brasileira de Ciência e Movimento**, v. 22, n. 1, p. 145-157, 2014. Disponível em: <https://portalrevistas.ucb.br/index.php/rbcm/article/view/3715/3076>. Acesso em: 5 jun. 2023.

GALLAHUE, D. L.; OZMUN, J. C.; GOODWAY, J. D. **Compreendendo o desenvolvimento motor**: bebês, crianças, adolescentes e adultos. Tradução de Denise Regina de Sales. 7. ed. Porto Algre: AMGH, 2013.

GENTILE, D. A. Pathological Video-Game Use among Youth Ages 8 to 18: a National Study. **Psychological Science**, v. 20, n. 5, p. 594-602, 2009.

GHORAYEB, N. et al. Sudden Cardiac Death in Sports: Not a Fatality! **International Journal of Cardiocascular Sciences**, v. 32, n. 1, p. 84-86, Jan. 2019.

GIANCOTTI, G. F. et al. Energy Expenditure and Perceived Exertion during Active Video Games in Relation to Player Mode and Gender. **Kinesiology**, v. 50, n. 1, p. 18-24, 2018.

GODTSFRIEDT, J.; CARDOSO, F. L. E-Sports: uma prática esportiva atual. **Motrivicência**, Florianópolis, v. 33, n. 64, p. 1-14, 2021. Disponível em: <https://periodicos.ufsc.br/index.php/motrivivencia/article/view/80001>. Acesso em: 5 jun. 2023.

GUERRA, P. H.; FARIAS JÚNIOR, J. C. de; FLORINDO, A. A. Comportamento sedentário em crianças e adolescentes brasileiros: revisão sistemática. **Revista de Saúde Pública**, v. 50, n. 9, p. 1-15, 2016. Disponível em: <https://www.scielo.br/j/rsp/a/xS7tGh3hGyLfYKXPf7NFBnJ/?lang=pt>. Acesso em: 5 jun. 2023.

GUTHOLD, R. et al. Global Trends in Insufficient Physical Activity among Adolescents: a Pooled Analysis of 298 Population-Based Surveys with 1.6 Million Participants. **The Lancet Child and Adolescent Health**, v. 4, n. 1, p. 23-35, 2020.

GUTHOLD, R. et al. Physical Activity and Sedentary Behavior among Schoolchildren: a 34-Country Comparison. **The Journal of Pediatrics**, v. 157, n. 1, p. 43-49, Jul. 2010.

HILL, D. et al. Media and Young Minds. **Pediatrics**, v. 138, n. 5, Nov. 2016.

HINO, A. A. F.; REIS, R. S.; FLORINDO, A. A. Ambiente construído e atividade física: uma breve revisão dos métodos de avaliação. **Revista Brasileira de Cineantropometria e Desempenho Humano**, v. 12, n. 5, p. 387-394, 2010. Disponível em: <https://www.scielo.br/j/rbcdh/a/hjZW8qwwyZYZM3W3s3z97Kn/?lang=pt>. Acesso em: 5 jun. 2023.

HOARE, E. et al. The Associations between Sedentary Behaviour and Mental Health among Adolescents: a Systematic Review. **International Journal of Behavioral Nutrition and Physical Activity**, v. 13, n. 108, p. 1-22, 2016.

HONORATO, E. J. S. et al. Atividade física como estratégia no processo de reabilitação psicossocial de dependentes químicos. **Conexões**, Campinas, v. 17, p. 1-19, 2019. Disponível em: <https://periodicos.sbu.unicamp.br/ojs/index.php/conexoes/article/view/8649672>. Acesso em: 5 jun. 2023.

IBGE – Instituto Brasileiro de Geografia e Estatística. **Pesquisa Nacional de Saúde do Escolar**: 2015. Rio de Janeiro, 2016. Disponível em: <https://www.icict.fiocruz.br/sites/www.icict.fiocruz.br/files/PENSE_Saude Escolar 2015.pdf>. Acesso em: 5 jun. 2023.

IBGE – Instituto Brasileiro de Geografia e Estatística. **Pesquisa Nacional de Saúde do Escolar**: 2019. Rio de Janeiro, 2021. Disponível em: <https://biblioteca.ibge.gov.br/visualizacao/livros/liv101852.pdf>. Acesso em: 5 jun. 2023.

INTERNATIONAL HEALTH CONFERENCE. Constitution of the World Health Organization. 1946. **Bulletin of the World Health Organization**, v. 80, n. 12, p. 983-984, 2002.

JANKAUSKIENE, R. et al. Are Adolescent Body Image Concerns Associated with Health-Compromising Physical Activity Behaviours? **International Journal of Environmental Research and Public Health**, v. 16, n. 7, p. 1-13, Apr. 2019.

JONES, N. R. et al. School Environments and Physical Activity: the Development and Testing of an Audit Tool. **Health & Place**, v. 16, n. 5, p. 776-783, Sept. 2010.

JUZWIAK, C. R.; PASCHOAL, V. C. P.; LOPEZ, F. A. Nutrição e atividade física. **Jornal de Pediatria**, v. 76, supl. 3, p. 349-358, 2000. Disponível em: <https://www.jped.com.br/index.php?p=revista&tipo=pdf-simple&pii=X2255553600029260>. Acesso em: 5 jun. 2023.

KANDOLA, A. et al. Depressive Symptoms and Objectively Measured Physical Activity and Sedentary Behaviour Throughout Adolescence: a Prospective Cohort Study. **The Lancet Psychiatry**, v. 7, n. 3, p. 262-271, Mar. 2020.

KELISHADI, R. et al. Association of Physical Activity and Dietary Behaviours in Relation to the Body Mass Index in a National Sample of Iranian Children and Adolescents: CASPIAN Study. **Bulletin of the World Health Organization**, v. 85, n. 1, p. 19-26, Jan. 2007.

KENNEY, E. L.; GORTMAKER, S. L. United States Adolescents' Television, Computer, Videogame, Smartphone, and Tablet Use: Associations with Sugary Drinks, Sleep, Physical Activity, and Obesity. **The Journal of Pediatrics**, v. 182, supl. 6, p. 144-149, Mar. 2017.

KOERICH, M. S.; MACHADO, R. R.; COSTA, E. Ética e bioética: para dar início à reflexão. **Texto & Contexto – Enfermagem**, v. 14, n. 1, p. 106-110, jan./mar. 2005. Disponível em: <https://www.scielo.br/j/tce/a/NrCmm4mctRnGGNpf5dMfbCz/abstract/?lang=pt>. Acesso em: 5 jun. 2023.

KORHONEN, T. et al. Physical Activity in Adolescence as a Predictor of Alcohol and Illicit Drug Use in Early Adulthood: a Longitudinal Population-Based Twin Study. **Twin Research and Human Genetics**, v. 12, n. 3, p. 261-268, June 2009.

KULIG, K.; BRENER, N. D.; MCMANUS, T. Sexual Activity and Substance Use among Adolescents by Category of Physical Activity Plus Team Sports Participation. **Pediatrics & Adolescent Medicine**, v. 157, n. 9, p. 905-912, Sept. 2003.

LARSEN, M. N. et al. Cardiovascular Adaptations after 10 Months of Intense School-Based Physical Training for 8- to 10-Year-Old Children. **Scandinavian Journal of Medicine & Science in Sports**, v. 28, supl. 1, p. 33-41, Jul. 2018.

LOPES, C. S. et al. ERICA: prevalência de transtornos mentais comuns em adolescentes brasileiros. **Revista de Saúde Pública**, v. 50, supl 1, p. 1-9, 2016. Disponível em: <https://www.scielo.br/j/rsp/a/vwSmjXbN4pDgg k8X7CTVdwC/?lang=pt>. Acesso em: 5 jun. 2023.

MALINA, R. M.; BOUCHARD, C. **Atividade física do atleta jovem**: do crescimento à maturação. Tradução de Cláudio Assencio Rocha e Lúcia Speed Ferreira de Mello. São Paulo: Roca, 2002.

MARON, B. J. et al. Comparison of the Frequency of Sudden Cardiovascular Deaths in Young Competitive Athletes vs. Non-Athletes: Should We Really Screen Only Athletes? **The American Journal of Cardiology**, v. 117, n. 8, p. 1339-1341, Apr. 2016.

MARON, B. J. et al. Sudden Deaths in Young Competitive Athletes: Analysis of 1866 Deaths in the United States, 1980-2006. **Circulation**, v. 119, n. 8, p. 1085-1092, Mar. 2009.

MENEGUCI, J. et al. Comportamento sedentário: conceito, implicações fisiológicas e os procedimentos de avaliação. **Motricidade**, v. 11, n. 1, p. 160-174, 2015. Disponível em: <https://revistas.rcaap.pt/ motricidade/article/download/3178/5172/18308>. Acesso em: 5 jun. 2023.

MILLER, M. G.; CHEATHAM, C. C. Resistance Training for Adolescents. **Pediatric Clinics of North America**, v. 57, n. 3, p. 671-682, June 2010.

MOESCH, K. et al. Late Specialization: the Key to Success in Centimeters, Grams, or Seconds (cgs) Sports. **Scandinavian Journal of Medicine & Science in Sports**, v. 21, n. 6, p. 282-290, Dec. 2011.

MOLINARI, A. M. da P.; SENS, S. M. A educação física e sua relação com a psicomotricidade. **Revista PEC**, Curitiba, v. 3, n. 1, p. 85-93, 2002-2003.

NAHAS, M. V. **Atividade física, saúde e qualidade de vida**: conceitos e sugestões para um estilo de vida ativo. 7. ed. atual. e ampl. Florianópolis: Edição do Autor, 2017.

NUNES FILHO, J. C. C. et al. Percepção de profissionais de educação física e alunos sobre a prática de treinamento resistido para crianças e adolescentes. **Arquivos de Ciências do Esporte**, v. 7, n. 2, p. 75-78, 2018.

PAAVOLA, M.; VARTIAINEN, E.; HAUKKALA, A. Smoking, Alcohol Use, and Physical Activity: a 13-Year Longitudinal Study Ranging from Adolescence into Adulthood. **Journal of Adolescent Health**, v. 35, n. 3, p. 238-244, Sept. 2004.

PACÍFICO, A. B. **Comparação do nível de atividade física, aptidão física e percepção da qualidade de vida entre adolescentes praticantes e não praticantes de esporte no contraturno escolar**. 79 f. Dissertação (Mestrado em Educação Física) – Universidade Federal do Paraná, Curitiba, 2018. Disponível em: <https://acervodigital.ufpr.br/handle/1884/56886?show=full>. Acesso em: 5 jun. 2023.

PACÍFICO, A. B. et al. Comparação da percepção de qualidade de vida entre adolescentes praticantes e não praticantes de esporte no contraturno escolar. **Cadernos de Saúde Coletiva**, v. 28, n. 4, p. 548-555, 2020. Disponível em: <https://www.scielo.br/j/cadsc/a/zrBKDXnBB3SzRzt83KLZLSC/>. Acesso em: 5 jun. 2023.

PACÍFICO, A. B. et al. Comparison of Physical Fitness and Quality of Life between Adolescents Engaged in Sports and Those Who Are Not. **Revista Brasileira de Cineantropometria e Desempenho Humano**, v. 20, n. 6, p. 544-554, Nov./Dec. 2018.

PASCOE, M. C.; PARKER, A. G. Physical Activity and Exercise as a Universal Depression Prevention in Young People: a Narrative Review. **Early Intervention in Psychiatry**, Oct. 2018.

PIOLA, T. S. **Associação de fatores sociodemográficos, comportamental, psicossociais e biológicos com comportamentos de risco à saúde e componentes da aptidão física em adolescentes**. 154 f. Tese (Doutorado em Educação Física) – Universidade Federal do Paraná, Curitiba, 2019. Disponível em: <https://www.prppg.ufpr.br/siga/visitante/trabalhoConclusaoWS?idpessoal=25707&idprograma=40001016047P0&anobase=2019&idtc=1420>. Acesso em: 5 jun. 2023.

PIOLA, T. S. et al. Cell Phone Ise Is Associated with Alcohol and Tobacco Consumption in Insufficiently Active Adolescents. **The Journal of Sports Medicine and Physical Fitness**, v. 61, n. 3, p. 444-451, Mar. 2021.

PIOLA, T. S. et al. Impacto dos correlatos da atividade física na presença isolada e combinada de nível insuficiente de atividade física e elevado tempo de tela em adolescentes. **Revista Paulista de Pediatria**, v. 37, n. 2, p. 194-201, 2019. Disponível em: <https://www.scielo.br/j/rpp/a/q7Hb4QmKkB6kyRffS8xHntD/?lang=en>. Acesso em: 5 jun. 2023.

POIREL, E. Bienfaits psychologiques de l'activité physique pour la santé mentale optimale. **Santé Mentale au Québec**, v. 42, n. 1, p. 147-164, 2017.

POWERS, S. K.; HOWLEY, E. T. **Exercise Physiology**: Theory and Application to Fitness and Performance. 10. ed. New York: McGraw-Hill, 2017.

PRADO, C. V. **Ambiente escolar e promoção da atividade física na escola**: implicações para os níveis de atividade física de adolescentes de Curitiba, PR. 186 f. Dissertação (Mestrado em Educação Física) – Universidade Federal do Paraná, Curitiba, 2014. Disponível em: <https://acervodigital.ufpr.br/handle/1884/36193>. Acesso em: 5 jun. 2023.

QUILES-MARCOS, Y. et al. Eating Habits, Physical Activity, Consumption of Substances and Eating Disorders in Adolescents. **The Spanish Journal of Psychology**, v. 14, n. 2, p. 712-723, 2011.

REVERDITO, R. S. et al. O Programa Segundo Tempo em municípios brasileiros: indicadores de resultado no macrossistema. **Journal of Physical Education**, v. 27, p. 1-14, 2016. Disponível em: <https://www.scielo.br/j/jpe/a/Dwk4p78c4f3yzhn7CqpC4TD/abstract/?lang=pt>. Acesso em: 5 jun. 2023.

REZENDE, L. F. M. de et al. Sociodemographic and Behavioral Factors Associated with Physical Activity in Brazilian Adolescents. **BMC Public Health**, v. 14, n. 485, p. 1-11, 2014.

RIBEIRO, A. G. P. et al. Relação do ambiente escolar e familiar com o nível de atividade física em crianças. **Revista Contexto & Saúde**, v. 20, n. 40, p. 75-84, jul./dez. 2020. Disponível em: <https://www.revistas.unijui.edu.br/index.php/contextoesaude/article/view/10803>. Acesso em: 5 jun. 2023.

RODRIGUEZ-AYLLON, M. et al. Role of Physical Activity and Sedentary Behavior in the Mental Health of Preschoolers, Children and Adolescents: a Systematic Review and Meta-Analysis. **Sports Medicine**, v. 49, n. 9, p. 1383-1410, Sept. 2019.

RUIZ-TRASSERRA, A. et al. Patterns of Physical Activity and Associated Factors among Teenagers from Barcelona (Spain) in 2012. **Gaceta Sanitaria**, v. 31, n. 6, p. 485-491, Nov./Dec. 2017.

SALLIS, J. F. et al. An Ecological Approach to Creating Active Living Communities. **Annual Review Public Health**, v. 27, p. 297-322, 2006.

SALLIS, J. F. et al. Progress in Physical Activity over the Olympic Quadrennium. **The Lancet**, v. 388, n. 10051, p. 1-12, Sept. 2016.

SALLIS, J. F.; OWEN, N. **Physical Activity & Behavioral Medicine**. California: Sage Publications, 1999.

SALLIS, J. F.; PROCHASKA, J. J.; TAYLOR, W. C. A Review of Correlates of Physical Activity of Children and Adolescents. **Medicine & Science in Sports & Exercise**, v. 32, n. 5, p. 963-975, May 2000.

SANTOS, M. S. et al. Desenvolvimento de um instrumento para avaliar barreiras para a prática de atividade física em adolescentes. **Revista Brasileira de Atividade Física & Saúde**, v. 14, n. 2, p. 76-85, 2009. Disponível em: <https://rbafs.org.br/RBAFS/article/view/759>. Acesso em: 5 jun. 2023.

SCHNOHR, P. et al. Various Leisure-Time Physical Activities Associated with Widely Divergent Life Expectancies: the Copenhagen City Heart Study. **Mayo Clinic Proceedings**, v. 93, n. 12, p. 1775-1785, Dec. 2018.

SCHOEN-FERREIRA, T. H. et al. Relação de amizade de adolescentes obesos e eutróficos. **Psicologia em Revista**, Belo Horizonte, v. 16, n. 1, p. 47-63, abr. 2010. Disponível em: <http://pepsic.bvsalud.org/scielo.php?script=sci_arttext&pid=S1677-11682010000100005>. Acesso em: 5 jun. 2023.

SEABRA, A. F. et al. Determinantes biológicos e socioculturais associados à prática de atividade física de adolescentes. **Cadernos de Saúde Pública**, v. 24, n. 4, p. 721-736, abr. 2008. Disponível em: <https://www.scielo.br/j/csp/a/VR7d6Y9MdWQfNWJNwsK9LYz/?lang=pt>. Acesso em: 5 jun. 2023.

SILVA, F. M. de A.; SMITH-MENEZES, A.; DUARTE, M. de F. da S. Consumo de frutas e vegetais associado a outros comportamentos de risco em adolescentes no Nordeste do Brasil. **Revista Paulista de Pediatria**, v. 34, n. 3, p. 309-315, set. 2016. Disponível em: <https://www.redalyc.org/pdf/4060/406046678010.pdf>. Acesso em: 5 jun. 2023.

SILVA, H. da; MENEZES, S. V.; MENEZES, R. V. Influência da atividade física no desenvolvimento psicomotor das crianças. **Revista Carioca de Educação Física**, v. 15, n. 2, p. 60-68, 2020. Disponível em: <https://revistacarioca.com.br/revistacarioca/article/download/105/pdf>. Acesso em: 5 jun. 2023.

SILVA, I. J. O. et al. Atividade física: espaços e condições ambientais para sua prática em uma capital brasileira. **Revista Brasileira Ciência e Movimento**, v. 22, n. 3, p. 53-62, 2014. Disponível em: <https://portalrevistas.ucb.br/index.php/rbcm/article/view/4804/3367>. Acesso em: 5 jun. 2023.

SILVA, J. V. L. et al. Consumo alimentar de crianças e adolescentes residentes em uma área de invasão em Maceió, Alagoas, Brasil. **Revista Brasileira de Epidemiologia**, v. 13, n. 1, p. 83-93, 2010. Disponível em: <https://www.scielo.br/j/rbepid/a/w6LmSkbFX5mKhQq8T4fTVWC/?format=pdf&lang=pt>. Acesso em: 5 jun. 2023.

STANTON, R. et al. Depression, Anxiety and Stress during COVID-19: Associations with Changes in Physical Activity, Sleep, Tobacco and Alcohol Use in Australian Adults. **International Journal of Environmental Research and Public Health**, v. 17, n. 11, p. 1-13, 2020.

STAREPRAVO, F. A.; MEZZADRI, F. M. Esporte, relações sociais e violências. **Motriz**, v. 9, n. 1, p. 59-63, jan./abr. 2003. Disponível em: <http://www1.rc.unesp.br/ib/efisica/motriz/09n1/Starepravo.pdf>. Acesso em: 5 jun. 2023.

TASSITANO, R. M. et al. Psychosocial Factors and Physical Activity as Predictors of Fruit and Vegetable Intake in College Students. **Revista de Nutrição**, Campinas, v. 29, n. 2, p. 173-183, mar./abr. 2016.

TOMKINSON, G. R.; OLDS, T. S. Secular Changes in Pediatric Aerobic Fitness Test Performance: the Global Picture. **Medicine and Sport Science**, v. 50, p. 46-66, 2007.

US BURDEN OF DISEASE COLLABORATORS et al. The State of US Health, 1990-2016: Burden of Diseases, Injuries, and Risk Factors Among US States. **JAMA**, v. 319, n. 14, p. 1444-1472, Apr. 2018.

VAGO, T. M. Pensar a educação física na escola: para uma formação cultural da infância e da juventude. **Cadernos de Formação RBCE**, n. 3, p. 25-42, set. 2009. Disponível em: <http://revista.cbce.org.br/index.php/cadernos/article/view/930/540>. Acesso em: 5 jun. 2023.

WAGNER, M. G. On the Scientific Relevance of eSports. In: INTERNATIONAL CONFERENCE ON INTERNET COMPUTING & CONFERENCE ON COMPUTER GAMES DEVELOPMENT. **Anais**... Las Vegas, 2006.

WALKER, T. et al. Comparative Study of Children and Adolescents Referred for Eating Disorder Treatment at a Specialist Tertiary Setting. **International Journal of Eating Disorders**, v. 47, n. 1, p. 47-53, Jan. 2014.

WALL, M. I. et al. Trends by Age in Youth Physical Activity: Youth Media Campaign Longitudinal Survey. **Medicine & Science in Sports & Exercise**, v. 43, n. 11, p. 2140-2147, Nov. 2011.

WANG, A. I. Systematic Literature Review on Health Effects of Playing Pokémon Go. **Entertainment Computing**, v. 38, p. 1-24, May 2021.

WASHINGTON, R. L. et al. Organized Sports for Children and Preadolescents. **Pediatrics**, v. 107, n. 6, p. 1459-1462, June 2001.

WEINECK, J. **Treinamento ideal**: instruções técnicas sobre desempenho fisiológico, incluindo considerações específicas de treinamento infantil e juvenil. Tradução de Beatriz Maria Romano Carvalho. Barueri: Manole, 1999.

WETHERILL, R. R.; FROMME, K. Alcohol Use, Sexual Activity, and Perceived Risk in High School Athletes and Non-Athletes. **Journal of Adolescent Health**, v. 41, n. 3, p. 294-301, Sept. 2007.

WHO – World Health Organization. **Comprehensive Mental Health Action Plan 2013-2030**. Geneva, 2021a.

WHO – World Health Organization. **Constitution of the World Health Organization**. 1946. Disponível em: <https://www.who.int/about/governance/constitution>. Acesso em: 21 jun. 2023.

WHO – World Health Organization. **Global Status Report on Alcohol and Health 2018**. 27 Sept. 2018. Disponível em: <https://www.who.int/publications/i/item/9789241565639>. Acesso em: 8 maio 2023.

WHO – World Health Organization. **Noncommunicable Diseases**. 16 Sept. 2022a. Disponível em: <https://www.who.int/news-room/fact-sheets/detail/noncommunicable-diseases>. Acesso em: 8 maio 2023.

WHO – World Health Organization. **Physical Activity**. 5 Oct. 2022b. Disponível em: <https://www.who.int/news-room/fact-sheets/detail/physical-activity>. Acesso em: 8 maio 2023.

WHO – World Health Organization. **WHO Guidelines on Physical Activity and Sedentary Behaviour**. Geneva, 2020.

WHO – World Health Organization. **Non-Communicable Diseases Are Critically Important for Adolescents Now and in the Future**. 2021b. Disponível em: <https://data.unicef.org/topic/child-health/noncommunicable-diseases/>. Acesso em: 21 jun. 2023.

WISTEN, A. et al. Exercise Related Sudden Cardiac Death (SCD) in the Young: Pre-Mortal Characterization of a Swedish Nationwide Cohort, Showing a Decline in SCD among Athletes. **Resuscitation**, v. 144, n. p. 99-105, Nov. 2019.

WORMINGTON, S. V. et al. Alcohol and Other Drug Use in Middle School: the Interplay of Gender, Peer Victimization, and Supportive Social Relationships. **Journal of Early Adolescence**, v. 33, n. 5, p. 610-634, June 2013.

ZUCKERMAN, S. L. et al. The Behavioral, Psychological and Social Impacts of Team Sports: a Systematic Review and Meta-Analysis. **The Physician and Sportsmedicine**, v. 49, n. 3, p. 246-261, Sept. 2021.

ZWOLSKI, C.; QUATMAN-YATES, C.; PATERNO, M. V. Resistance Training in Youth: Laying the Foundation for Injury Prevention and Physical Literacy. **Sports Health**, v. 9, n. 5, p. 436-443, Sept./Oct. 2017.

Bibliografia comentada

BACIL, E. D. A.; MAZZARDO, O.; SILVA, M. P. **Crescimento e desenvolvimento motor**. 2. ed. Curitiba: InterSaberes, 2020.

Esse livro trata dos processos do crescimento e do desenvolvimento motor ao longo da vida do indivíduo, apresentando informações importantes sobre a infância e a adolescência, o que ajuda a guiar profissionais de Educação Física na profissão.

BRASIL. Ministério da Saúde. Secretaria de Atenção Primária à Saúde. Departamento de Promoção da Saúde. **Guia de atividade física para a população brasileira**. Brasília, 2021. Disponível em: <https://bvsms.saude.gov.br/bvs/publicacoes/guia_atividade_fisica_populacao_brasileira.pdf>. Acesso em: 5 jun. 2023.

Esse guia apresenta as recomendações de atividade física para a população brasileira de todas as faixas etárias. Todo profissional de educação física deveria ter conhecimento das informações divulgadas nesse guia, assim como toda a população, pois nele constam diversos dados sobre a prática de atividade física relacionada à saúde, o que se associa à diminuição do desenvolvimento de doenças físicas e mentais.

GALLAHUE, D. L.; OZMUN, J. C.; GOODWAY, J. D. **Compreendendo o desenvolvimento motor**: bebês, crianças, adolescentes e adultos. Tradução de Denise Regina de Sales. 7. ed. Porto Algre: AMGH, 2013.

Nesse livro, os autores abordam informações importantes sobre o desenvolvimento motor em cada fase da vida, incluindo aspectos sobre o movimento, a atividade física adequada para cada idade, em especial na infância e na adolescência, que são fases de maior aprendizado e de experiências que vão se refletir ao longo de toda a vida do indivíduo.

GUTHOLD, R. et al. Global Trends in Insufficient Physical Activity among Adolescents: a Pooled Analysis of 298 Population-Based Surveys with 1.6 Million Participants. **The Lancet Child and Adolescent Health**, v. 4, n. 1, p. 23-35, 2020.

Esse artigo descreve a prevalência e as tendências de prática insuficiente de atividade física entre adolescentes de 11 a 17 anos por país, região e globalmente, mostrando que a maioria dos indivíduos nessa fase não atende às diretrizes de atividade física. É um estudo importantíssimo para alertar, assim como indicado em sua conclusão, que é necessário aumentar com urgência a implementação de políticas e programas eficazes para incentivar a prática, além de evidenciar a falta de investimento e liderança em todos os níveis para intervir nas múltiplas causas e iniquidades que podem favorecer a baixa participação dos adolescentes na atividade física, principalmente quando se consideram as meninas.

NAHAS, M. V. **Atividade física, saúde e qualidade de vida**: conceitos e sugestões para um estilo de vida ativo. 7. ed. atual. e ampl. Florianópolis: Edição do autor, 2017.

O livro trata da atividade física relacionada à saúde e à qualidade de vida das pessoas. Além de informações e evidências sobre o assunto, o autor mostra a importância da mudança de atitude e estimula a modificação de comportamentos de modo que os indivíduos possam viver com mais saúde e melhor.

Respostas

Capítulo 1

Atividades de autoavaliação

1. "Qualquer movimento voluntário realizado pelos músculos esqueléticos, que resultem em um gasto energético maior do que os atingidos em níveis de repouso" (Caspersen; Powell; Christenson, 1985, p. 126, tradução nossa).
2. É uma atividade física planejada, estruturada e repetida que tenha como objetivo final ou intermediário a melhoria ou a manutenção da aptidão física (Caspersen; Powell; Christenson, 1985).
3. F, V, V.
4. e
5. d

Capítulo 2

Atividades de autoavaliação

1. a
2. e
3. c
4. Para que se façam melhorias e, consequentemente, se ofereçam facilitadores para a promoção de atividade física entre as crianças e os adolescentes.

5.		
Crianças de até 1 ano	Brincadeiras e jogos que envolvam atividades que deixem o bebê de bruços (barriga para baixo) ou sentado, quando já for possível, movimentando os braços e as pernas, estimulando alcançar, segurar, puxar, empurrar, engatinhar, rastejar, rolar, equilibrar, sentar e levantar.
Crianças de 1 a 2 anos	Brincadeiras e jogos que envolvam atividades como equilibrar-se nos dois pés, equilibrar-se num pé só, girar, rastejar, andar, correr, saltitar, escalar, pular, arremessar, lançar, quicar e segurar.
Crianças de 3 a 5 anos	Brincadeiras e jogos que envolvam atividades como caminhar, correr, girar, chutar, arremessar, saltar e atravessar ou escalar objetos. Nessa faixa etária, a atividade física também pode ser realizada nas aulas de Educação Física escolar, abrangendo atividades mais específicas de ginástica, lutas, danças, esportes, entre outras.

Capítulo 3

Atividades de autoavaliação

1. e
2. V, F, F.
3. e
4. Aptidão física, segundo Nahas (2017), é a capacidade de realizar atividades físicas, podendo ser classificada em aptidão física relacionada à saúde e aptidão física relacionada à *performance* motora.
5. O *overtraining* pode ser definido como alterações psicológicas, fisiológicas e hormonais que resultam na diminuição do desempenho esportivo (Brenner; American Academy of Pediatrics Council on Sports Medicine and Fitness, 2007). Ele se manifesta por meio de vários sintomas, entre eles fadiga, dores crônicas musculares e/ou articulares, distúrbios de sono, declínio de desempenho, frequência cardíaca em repouso elevada, oscilações anormais de humor, diminuição da atenção e, no caso específico de crianças e adolescentes, prejuízo no desempenho acadêmico, com baixa nas notas das atividades escolares; além disso, o *overtraining*, pode ter como sequela a síndrome de *burnout*.

Capítulo 4
Atividades de autoavaliação
1. e
2. d
3. b
4. Para a pessoa adulta, a recomendação quanto ao tempo de atividade física é de 150 minutos por semana se em intensidade moderada e de pelo menos 75 minutos por semana se em intensidade vigorosa.
5. Primeiramente, deve haver o incentivo dos pais e responsáveis, que podem estimular as crianças possibilitando a realização de atividades como:
    - passeios em parques e áreas verdes da cidade, mesmo que seja somente para caminhar ou brincar no gramado ou em espaços livres;
    - brincadeiras dentro de casa;
    - brincadeiras no quintal de casa;
    - brincadeiras em áreas comuns do prédio;
    - contato com a natureza;
    - transporte ativo (como ir para escola caminhando ou pedalando).

Capítulo 5
Atividades de autoavaliação
1. V, V, V, F.
2. d
3. c
4. Com o passar do tempo, percebeu-se que não são somente os aspectos sociais e psicológicos que influenciam a prática de atividade física, mas uma série de fatores, com diversos níveis de influência, quais sejam: intrapessoal, interpessoal, comunitário, social ou cultural.
5. Bronfenbrenner classifica esses contextos ambientais em: microssistema, que envolve família, escola, bairro, grupo de amigos; mesossistema, que se refere à interação entre vários locais dos microssistemas; exossistema, que são locais sociais em que o indivíduo não tem um papel ativo, mas as decisões que lá ocorrem o afetam; macrossistema, que abrange a cultura na qual a pessoa está inserida; e cronossitema, que se refere aos eventos sócio-históricos durante a vida do indivíduo (Gallahue; Ozmun; Goodway, 2013).

Capítulo 6

1. e
2. c, a, b
3. b
4. Entre os diversos malefícios, podemos citar o maior risco de desenvolvimento de obesidade infantil, a diminuição da aptidão física, baixos escores de autoestima, piora no desempenho estudantil, baixa duração e baixa qualidade do sono.
5. Os *videogames* ativos (ou *exergames*) podem aumentar de forma significativa o gasto energético e o nível de atividade física em comparação com jogos de *videogame* com características sedentárias. Eles incentivam o aumento da atividade física, especialmente em crianças e adolescentes que não conseguem envolver-se em atividades físicas mais tradicionais, como as brincadeiras ativas e os esporte

   Exemplo: Pokémon GO®, que basicamente é um jogo centrado em localização de realidade aumentada, em que monstros do universo Pokémon são encontrados no mundo real, vistos na tela do *smartphone* do jogador. Os jogadores devem se movimentar pelo ambiente para pegar o Pokémon, coletar itens em PokéStops e lutar batalhas em ginásios.